응답받을 때까지
멈추지 말고

응답받을 때까지 멈추지 말고

저자 E. M. 바운즈
역자 임종원

초판 1쇄 발행 2022. 12. 20.

발행처 도서출판 브니엘
발행인 권혁선

등록번호 서울 제2006-50호
등록일자 2006. 9. 11.

서울특별시 송파구 백제고분로28길 25 B101호 (05590)
마케팅부 02)421-3436
편집부 02)421-3487
팩시밀리 02)421-3438

ISBN 979-11-90308-90-8 03230

독자의견 02)421-3487
이메일 editorkhs@empal.com

북카페 주소 cafe.naver.com/penielpub.cafe
인스타그램 @peniel_books

이 책은 저작권법에 따라 보호받는 저작물이므로 무단전제 및 무단복제를 금합니다.
이 책의 전부 또는 일부를 이용하려면 반드시 사전에 저작권자와 도서출판 브니엘의 동의를 받아야 합니다.

도서출판 브니엘은 독자들의 원고를 설레는 마음으로 기다리고 있습니다.
위의 이메일로 간단한 기획 내용 및 원고, 연락처 등을 보내주십시오.

도서출판 브니엘은 갓구운 빵처럼 항상 신선한 책만을 고집합니다.

응답받을 때까지
멈추지 말고

E. M. 바운즈 지음 | 임종원 옮김

| 프롤로그 | 기도의 사람 바운즈에 대하여

바운즈가 기도에 관하여 쓴 책들은 지난 100여 년 사이에 기독교 고전의 반열에 올라 수많은 그리스도인이 기도의 용사로 성장하도록 자극하는 동시에 커다란 영감을 불러일으켰다. 능력 있는 저자이자 아주 심오한 사상가인 바운즈는 마지막 19년 동안 내내 책을 읽고, 글을 쓰고, 기도하는 데 여생을 바쳤다. 오랜 세월 동안 날마다 새벽 4시에 일어나 지치지 않고 성경 연구에 몰두하기도 하였다.

마치 호흡이 우리 몸에서 생생히 일어나는 현상인 것처럼 바운즈에게는 기도 역시 생생한 실재였다. 살아 있는 생물체가 반사적인 신경 작용을 활용하여 호흡을 조절하는 것이나 마찬가지로 바운즈는 "쉬지 말고 기도하라"는 명령을 거의 문자 그대로 받아들였다. 너무나 부지런히 자신이 설교한 내용을 구체적으로 실천했기에 바운즈 자신이 기도의 본질을 든든히 붙잡을 수 있었을 뿐만 아니라 그의 책들은 오늘날에도 여전히 그리스도인들을 더욱 고상한 제자도와 활력 넘치는 기도생활로 생생하게 불러내고 있다.

역사상 가장 위대한 기도의 사람이자 이 책의 저자인 에드워드 멕켄드리 바운즈(Edward McKendree Bounds)는 1835년 8월 15일 미국 미주리주 북동부 지역에서 태어났다. 아버지는 미주리주의 셀비 카운티가 형성되는 데 크게 이바지하였으며, 카운티 사무소 소재지인 셀비빌의 원소유자였다. 바운즈는 교실이 하나밖에 없는 셀비빌 학교에 다녔으며, 거기서 일찍이 읽기와 쓰기를 배웠다. 아버지가 카운티 직원으로 일했던 까닭에 바운즈의 집은 카운티 법원으로 사용되기도 하였다. 이것이 바운즈에게 법률을 공부해야겠다는 동기를 부여했을 가능성이 매우 크다.

바운즈는 열아홉 살이 되기 직전에 변호사 시험에 합격하였으며, 스물네 살에 이를 때까지 변호사 사무실을 운영하였다. 그런데 어느 날 갑자기 말씀을 전파하라는 부르심을 강하게 느낀 나머지, 곧바로 거기에 응답하게 되었다. 그 이후로 열심히 성경을 읽었으며, 존 웨슬리의 설교에도 흠뻑 빠져들게 되었다. 그러다가 마침내 몬티첼로라는 인근 마을의 작은 교회에서 본격적으로 설교를 시작하였다.

당시 미주리주 주민들은 북부 연합군 측의 노예제도 보존에 대한 의견을 둘러싼 분쟁으로 말미암아 서로 나뉘어 있었다. (남과 북

사이의 극단적인 견해 차이 때문에) 그즈음 만들어진 남감리교 감독 교단에 속한 회중교회의 목사였던 바운즈는 1861년 미주리주 브룬스윅에서 북부 연합군에게 체포되었다. 남부 동맹군 지지자라는 이유로 붙잡힌 것이다. 바운즈는 다른 비전투요원들과 함께 1년 반 동안 세인트루이스에 있는 연방 감옥에 있어야 했다. 그 후 멤피스로 이송되었으며, 북부 연합군과 남부 동맹군 사이의 포로 교환 협정으로 풀려나게 되었다. 그 직후에 남부 동맹군 군목으로 서원했으며, 곧바로 제3미주리 자원 보병 연대와 제5미주리 보병 부대에서 근무하게 되었다(두 부대는 애틀랜타전투 이후에 통합되었다).

남부 동맹군이 대대적으로 포진하여 최후의 돌격 작전을 펼쳤던 프랭클린 전투에서 남북전쟁 가운데 가장 치열한 충돌이 발생하기 직전에, 바운즈는 존 벨 후드 장군의 지휘 아래 있는 부대들을 두루 돌아다니면서 일일이 군인들을 위로하고 기도해주었다. 내슈빌에서 후드 장군이 두 번째로 패배한 후 바운즈는 미합중국에 대한 충성을 맹세하고서 풀려난 남부 동맹군 포로들 사이에 있었다. 그 후 바운즈는 남감리교 프랭클린 감독 교단을 돌보기 위해 다시 격전지로 돌아왔다.

훗날 바운즈는 앨라배마주 셀마의 목회자로 임명되었다. 거기서 조지아주 워싱턴 출신의 엠마 엘리자베스를 만났고, 1874년에 세인트루이스로 옮겨서 그곳에서 엠마와 결혼했다. 이 결혼으로 두 딸

셀레스티와 코네일리, 그리고 아들 에드워드가 태어났다. 엠마는 결혼한 지 8년 만에 세상을 떠났고, 바운즈는 엠마와 사별한 지 약 2년 뒤 사촌인 해리엇 엘리자베스 바넷과 재혼했다. 두 사람에게서 세 아들(사무엘, 찰스, 오스본)과 세 딸(엘리자베스, 메리, 에미)이 태어났다. 하지만 바운즈는 하나님이 은혜로 주신 아홉 명의 자녀 중 두 아이를 하늘나라로 먼저 보내야 하는 슬픔을 겪기도 하였다. 에드워드는 여섯 살에, 찰스는 첫돌 직후에 떠나보냈다.

바운즈는 세인트루이스에 머무는 동안 지역 감리교단의 정기 간행물인 〈세인트루이스 대변자〉(St. Louis Advocate)의 부편집자 자리를 맡았다. 이 자리에서 19개월 동안 일한 뒤 내슈빌로 이동하여 전체 남감리교 감독 교단의 공식 주간 신문인 〈기독교 대변자〉(Christian Advocate)의 부편집자로 사역하였다.

바운즈는 1894년 내슈빌에서 자기 사역을 마무리했다. 거기서 그의 가족은 조지아주 워싱턴으로 이사하여 바넷 하우스에서 살게 되었다. 여기에서 마지막 19년의 여생을 보내며 중보기도, 저술 활동, 순회 부흥사역 등에 헌신하였다. 매일 새벽 4시에 일어나 기도하면서 홀로 하나님을 만났으며, 대개 아침 7시까지 기도하면서 시간을 보냈다.

바운즈는 자신이 직접 쓴 「설교자와 기도」(Preacher and Prayer)와 「부활」(Resurrection)이 출판되던 1913년에 세상을 떠났다. 바운즈의 절친한 친구인 클로드 칠턴의 도움으로 편집자 호머 핫지는 E. M. 바운즈가 쓴 글을 아홉 권이나 더 출판하는 과제를 떠맡게 되었고, 그 덕분에 우리는 바운즈의 깊은 기도와 은혜의 삶을 엿볼 수 있게 된 것이다.

오랜 친구였던 클로드 칠턴은 바운즈가 쓴 기도서의 본질을 꿰뚫어 보면서 이렇게 말했다. "이 책들은 영영토록 생명수를 흘려보내는 마르지 않는 샘물이다. 이 책들은 어스름한 새벽빛 가운데 빛나는 숨겨진 보석들이다. 경험이란 경이로운 모양으로 거듭나기 위해 한낮의 열기와 더불어 하나님의 강력한 망치질로 모루 위에서 단련된 숨겨진 보화다. 이 책들은 오래전에 죽었으나 여전히 살아서 외치는 바운즈의 생생한 음성이다!"

C·O·N·T·E·N·T·S
차 례

프롤로그 · 005

| Part 1 | 신실하신 하나님의 약속을 의지하라

    01. 기도는 영적 능력을 나타내는 비결이다 · 015
    02. 기도는 하나님의 약속 위에서 이루어진다 · 021
    03. 약속은 기도하는 영혼에 위안을 준다 · 032

| Part 2 | 기도의 무한한 가능성에 주목하라

    04. 기도의 가능성은 우리 믿음의 가능성이다 · 049
    05. 하나님의 모든 가능성은 곧 기도의 가능성이다 · 066
    06. 기도하는 사람에게는 모든 것이 가능하다 · 076

| Part 3 | 기도에 나타나는 영적 능력을 믿으라

　07. 강력한 믿음은 강력한 기도를 창출한다 · 091
　08. 아무것도 염려하지 말고 오직 기도에 맡기라 · 101
　09. 하나님의 은혜는 시공간을 초월해서 내린다 · 113

| Part 4 | 흔들리지 않는 응답의 축복을 누리라

　10. 기도 응답은 하나님을 영화롭게 한다 · 125
　11. 기도 응답은 다함 없는 하나님의 약속이다 · 138
　12. 기도 응답은 변함없는 하나님의 성품이다 · 147

| Part 5 | 응답에 나타난 하나님의 섭리를 깨달으라

　13. 강한 믿음은 즉각적인 응답의 기적을 불러온다 · 163
　14. 믿음의 골방에서 응답의 기적을 만들어내라 · 180
　15. 하나님의 섭리는 기도 응답의 결과이다 · 200
　16. 기도 응답과 하나님의 섭리는 믿음의 초석이다 · 216

"구하라. 그리하면 너희에게 주실 것이요 찾으라. 그리하면 찾아낼 것이요 문을 두드리라. 그리하면 너희에게 열릴 것이니"(마 7:7, 눅 11:9).

P·a·r·t·01

신실하신 하나님의 약속을 의지하라

C·H·A·P·T·E·R·01
기도는 영적 능력을 나타내는 비결이다

지금까지 기도는 모든 하나님의 사람을 특별하게 구분해주는 은혜였다. 기도는 성도가 영적인 능력을 나타내는 비결로 자리 잡아 왔다. 성도가 감당해야 하는 일을 잘 수행할 수 있도록 특별한 능력을 불어넣었던 곳은 바로 기도의 골방이었다. 이처럼 완전한 하나님의 사람이 되기 위해서는 외적인 도움이 필요하며, 항상 정직하고 올바르며 진실하게 판단해야 한다. 그러기 위해서는 하나님의 뜻을 좇아 행할 수 있도록 기도하라고 예수님은 말씀하신다. 기도로 말미암아 사랑의 법을 느끼고 사랑의 법에 따라 말하고 하나님의 법과 조화를 이루어 만사(萬事)를 올바르게 행하는 능력을 확실히 갖추라는 뜻이다.

하나님은 얼마든지 우리를 도우실 수 있다. 하나님은 우리 아버지시다. 우리는 "오직 정의를 행하며 인자를 사랑하며 겸손하게 네 하나님과 함께"(미 6:8) 행하도록 도우시는 하나님의 선한 것들이 필요하다. 우리는 고상하고 지혜롭게 행동하면서 진실하고 자비롭게 판단해야 하므로 하나님의 도움이 절실히 필요하다. 하나님의 방법으로 이 모든 것을 감당하도록 이끄시는 하나님의 도우심은 오직 기도로만 확실하게 보장된다.

"구하라. 그리하면 너희에게 주실 것이요 찾으라. 그리하면 찾아낼 것이요 문을 두드리라. 그리하면 너희에게 열릴 것이니"(마 7:7, 눅 11:9).

또한 로마서 12장 12~13절에 기록된 것처럼 오직 하나님께 전적으로 몰두한 결과, 우리는 그리스도인의 은혜와 책무를 감당하는 과정에서 다음과 같은 말씀을 듣게 된다. 곧 "기도에 항상 힘쓰라"는 말씀이다. 그리고 이 말씀 앞에는 "소망 중에 즐거워하며 환난 중에 참으라"는 당부가 있으며, 그 뒤로는 "성도들의 쓸 것을 공급하며 손 대접하기를 힘쓰라"는 말씀이 이어진다. 그러니까 이같이 풍성하고 진기한 은혜를 누리고 온전히 사명을 감당하는 모습이야말로 너무나 감미롭고 관대하며 이타적인 나머지, 바울은 그것이 기도의 능력이자 신앙의 원천이라고 강조한다.

이것은 오순절을 은혜로운 성령의 축복으로 이끌었던 제자들의 기도에 사용되고 있는 것과 같은 말씀이다. 골로새서에서 바울은 기도로 섬기는 것에 관해 다시 한번 강조한다.

"기도를 계속하고 기도에 감사함으로 깨어 있으라"(골 4:2).

그 배경과 뿌리를 살펴보면 이 말씀은 강해진다는 뜻이며, 어떤 상태에 머물러 있는 능력, 확고한 태도를 지키는 것, 무언가를 단단히 붙잡고 끝까지 고수하면서 끊임없이 관심을 나타낸다는 뜻이다. 또한 사도행전 6장 4절에서는 이렇게 강조한다.

"우리는 오로지 기도하는 일과 말씀 사역에 힘쓰리라."

여기에는 한결같은 태도, 용기, 낙심하지 않는 끈기 등이 포함되어 있다. 그것은 어떤 일에 매우 두드러지게 주의를 기울인다는 뜻이며 매우 깊은 관심을 나타내면서 거기에 몰입하게 된다는 뜻이다.

이는 '계속해서' 전진할 것을 요구한다. 기도는 쉴 새 없이, 끊임없이, 간절히, 소원이나 영이나 행위에서 주저함 없이, 영과 삶에서 항상 기도하는 태도를 유지해야 하는 것이다. 물론 항상 무릎을 꿇고 있을 수는 없지만, 항상 기도를 입으로 소리 내어 중얼거릴 수는 없지만 우리의 영은 언제나 기도하는 자세를 취하고 있어야 한다.

골방에서 보내는 시간을 분명히 확보하기 위해서는 영적인 삶에서 어떠한 조정이나 타협도 있어서는 안 된다. 골방의 영이 모든 시간과 일을 거침없이 지배하고 조종해야 한다. 모든 행함은 우리의 헌신과 골방에서의 시간을 성스럽게 만드는 일과 같은 영 안에서 진행되어야 한다. '쉴 새 없이, 끊임없이, 간절히'라는 말은 결코 약해지거나 지치지 않고 자연스럽게 흘러넘치는 시냇물과 마찬가지로 중단 없이 지속되는 노력을 묘사한다. 이처럼 언제든지 충만한 기도의 물결이 흘러넘치는 사람, 기도를 제대로 이해하는 하나님의 사람이 되기를 소원해야 한다.

이러한 헤아릴 수 없이 많은 성령의 은사는 모두 우리의 기도에 따른 섭리와 그 결과로 돌아오게 된다. 이 같은 성령의 임재와 그분의 커다란 은혜는 단지 기도라는 무미건조하고 보잘것없는 수행과정을 전제로 삼는다기보다는 오히려 도저히 끌 수 없는 열망으로 말미암은 것이다. 이 열망은 최고의 선을 이루는 동시에 하나님이 우리를 위하여 준비해두신 최고이자 최후의 축복을 얻을 때까지 절대 낙심하지 않는 기도에 불을 붙이는 것을 조건으로 삼는다.

그렇다면 우리에게 기도의 불을 붙이고 은혜를 베푸시는 예수님과 성령님은 어떻게 우리를 도우시는가? 영원히 복되고 경배받기에 합당하신 이름, 우리의 대제사장이자 첫 번째 그리스도이신 예수님은 은혜로운 위로자, 신실한 안내자, 타고난 교사, 두려움 없는 중재자, 헌신 된 친구, 전능한 중보자로서 우리를 도우신다. 그리고 다른 분, 곧 '또 다른 보혜사'이신 성령님은 첫 번째 그리스도와 마찬가지로 매우 다정다감하고 달콤하며, 충만하고 능력 있는 모습으로 이 모든 복된 관계 속으로 우리를 이끄신다.

첫 번째 그리스도이신 예수님은 우리를 위해 강한 부르짖음과 눈물로 하나님께 기도와 간구를 올리고 계신다. 정말로 예수님은 영원히 살아계셔서 하나님 아버지 우편 보좌에 앉아 우리를 위해 기도하고 계신다. 그리고 또 다른 그리스도이신 성령님은 지금 여기 냉랭하고 어두운 우리 마음속에 임하셔서 기도의 필요성과 기도를 통한 영적 싸움에 관해 깨닫도록 가르치고 계신다.

진리의 영이신 보혜사 성령님은 강력한 기도의 그리스도시다. 성령님은 모든 심령 속에 타오르는 불꽃을, 천상의 소망으로 타오르는 불꽃을 강하게 심어주신다. 이제 막 젖 뗀 아이처럼 자기 고집으로 똘똘 뭉친 우리가 머리와 마음으로, 입으로 오직 그분이 기도하시는 대로 기도할 수 있을 때까지 우리를 위해 말할 수 없는 탄식으로 기도하고 계신다.

"이와 같이 성령도 우리의 연약함을 도우시나니 우리는 마땅히 기도할 바를 알지 못하나 오직 성령이 말할 수 없는 탄식으로 우리를 위하여 친히 간구하시느니라. 마음을 살피시는 이가 성령의 생각을 아시나니 이는 성령이 하나님의 뜻대로 성도를 위하여 간구하심이니라. 우리가 알거니와 하나님을 사랑하는 자 곧 그의 뜻대로 부르심을 입은 자들에게는 모든 것이 합력하여 선을 이루느니라"(롬 8:26-28).

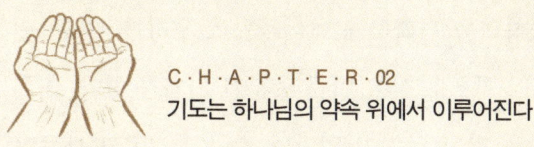

CHAPTER·02
기도는 하나님의 약속 위에서 이루어진다

약속이 없다면 기도는 괴상하고 근거 없는 몸짓에 지나지 않는다. 기도가 없다면 그 약속은 어슴푸레하고 목소리가 없으며, 한낱 그림자같이 공허하고 비인격적일 수밖에 없다. 그러나 약속은 기도를 의연하게, 억누를 수 없게 만든다. 사도 베드로는 하나님이 "이로써 그 보배롭고 지극히 큰 약속을 우리에게 주사 이 약속으로 말미암아 너희가 정욕 때문에 세상에서 썩어질 것을 피하여 신성한 성품에 참여하는 자가 되게 하려 하셨느니라"(벧후 1:4)고 선포했다. 그게 얼마나 '보배롭고 지극히 큰 약속'인지, 바로 그와 같은 이유로 우리는 '믿음에 덕을 더하게' 된다(벧후 1:5-7).

하나님의 약속은 '보배롭고 지극히 큰' 말씀이라서 그 약속의 광대한 가치와 폭넓은 영향력을 명확하게 보여주므로 우리가 기도하면서 기대하는 모든 것의 기초로 삼을 만큼 충분한 가치가 있다. 이처럼 기도의 기초로 삼을 만한 약속이 얼마나 지극히 크고 보배로운지, 그 약속의 실현 가능성과 조건 역시 얼마나 지극히 크고 보배로운지 모른다. 믿는 성도와 온 교회에 이러한 약속은 얼마나 영광스러운 것인지 모른다. 화사하게 꽃을 활짝 피우도록 만드는, 풍성한 열매를 맺도록 도와주는, 구름 한 점 없는 정오의 영광스러운 햇빛 같은 미래가 하나님의 약속을 통해 얼마나 강하게 우리를 비추는가!

그러나 이러한 약속은 기도하지 않는 심령에서는 소망을 꽃피우거나 열매를 맺지 못한다. 아무리 이러한 약속의 숫자나 소중함이 수천 배나 늘어난다고 할지라도 기도하지 않는 심령과 교회에는 별다른 영광을 가져다주지 못한다. 기도는 그 약속을 풍성하게 열매 맺게 할 뿐만 아니라 확실히 인식하게 되는 실제로 바꿔준다. 강력한 역사하심을 통해 점차 확장되는 과정을 거치면서 더욱 구체화되는 영적인 에너지로써 기도는 하나님의 약속이 실현되도록 길을 예비하여 그것이 정말 구체적으로 이루어지게끔 만든다.

하나님의 약속은 생명과 경건함에 관련된 모든 것, 몸과 영혼에 관계된 모든 것, 시간과 영원에 관계된 모든 것을 포괄한다. 이러한 약속은 현재를 복되게 할 뿐만 아니라 무한하고 영원한 미래에 대한 은혜를 베푸는 데까지 널리 확장된다. 기도는 이러한 약속을 잘 보존해서 풍성하게 열매를 맺도록 단단히 붙잡는다. 이러한 약속은 오직 기도하는 손으로만 움켜쥘 수 있는 하나님의 황금 열매이다. 기도를 통해 땅을 갈고 씨를 뿌리게 되는 하나님의 썩지 않는 씨앗이다.

기도와 약속은 상호의존적이다. 약속은 기도에 영감과 에너지를 불어넣고 기도는 약속의 자리를 잡아주고 약속의 실현과 위치 선정에 도움을 준다. 약속은 소나기처럼 쏟아지는 복된 빗줄기와 같으며, 이러한 약속을 흘려보내는 통로와 같은 기도는 그 빗물을 담아내고 흘러가는 방향을 잡아주면서 더 빨리 흘러가도록 촉진한다. 그 약속이 누구에게나 보편적으로 해당하는 것이기보다는 좀 더 개인적이고 지역적인 것으로 바뀌며, 구체적인 축복으로 변화되고 새로운 활력을 공급하며, 더욱 풍요롭게 이루어질 때까지 말이다. 기도는 그 약속을 단단히 붙잡고, 믿을 수 없을 정도로 놀라운 목적에 다다르도록 그 약속을 이끌어주며, 장애물을 제거하고, 그 약속이 영광스러운 성취로 나아가는 탄탄한 대로를 만들어준다.

이처럼 하나님의 약속이 '지극히 크고 보배로울' 때 그것들은 구체적이고 명확하게 개인적인 것이 된다. 하나님의 약속이 아브라함에게 얼마나 적절하고 명료했단 말인가!

"여호와의 사자가 하늘에서부터 두 번째 아브라함을 불러 이르시되 여호와께서 이르시기를 내가 나를 가리켜 맹세하노니 네가 이같이 행하여 네 아들 네 독자도 아끼지 아니하였은즉 내가 네게 큰 복을 주고 네 씨가 크게 번성하여 하늘의 별과 같고 바닷가의 모래와 같게 하리니 네 씨가 그 대적의 성문을 차지하리라. 또 네 씨로 말미암아 천하 만민이 복을 받으리니 이는 네가 나의 말을 준행하였음이니라 하셨다 하니라"(창 22:15-18).

그러나 이 약속이 흘러가야 할 통로인 이삭의 아내 리브가에게는 아직 아이가 없었다. 리브가의 닫힌 태는 하나님의 약속을 성취하는 데 있어서 도저히 극복할 수 없는 거대한 장애물이었다. 그러나 이삭이 기도의 사람이 되자 머지않아 리브가에게서 아이들이 태어났다. 결국 우리는 다음과 같은 말씀을 접하게 된다.

"이삭이 그의 아내가 임신하지 못하므로 그를 위하여 여호와께 간구하매 여호와께서 그의 간구를 들으셨으므로 그의 아내 리브가가 임신하였더니"(창 25:21).

이삭의 기도는 하나님의 약속이 성취되는 길을 열었다. 그리하여 하나님의 약속이 아브라함부터 놀랍게 성취되는 길을 계속 이어나가게 했다. 그뿐만 아니라 그로 말미암아 놀라운 결과들을 가져옴으로써 그 약속이 실제가 되게 만들었다.

또한 하나님은 야곱에게 말씀하시면서 이렇게 명확하게 약속하셨다.

"여호와께서 야곱에게 이르시되 네 조상의 땅 네 족속에게로 돌아가라. 내가 너와 함께 있으리라 하신지라"(창 31:3).

야곱은 곧바로 그 약속에 따라 행동하지만 에서는 여전히 야곱을 죽이고야 말겠다는 복수심을 품고 야곱을 기다렸다. 오랜 세월 동안 채워지지 않은 복수심은 오히려 더욱 무시무시해졌다. 야곱은 형 에서를 만나기 전 하나님의 약속에 직접 매달리면서 밤새도록 하나님과 기도로 씨름했다.

"야곱은 홀로 남았더니 어떤 사람이 날이 새도록 야곱과 씨름하다가 자기가 야곱을 이기지 못함을 보고 그가 야곱의 허벅지 관절을 치매 야곱의 허벅지 관절이 그 사람과 씨름할 때에 어긋났더라. 그가 이르되 날이 새려 하니 나로 가게 하라. 야곱이 이르되 당신이 내게 축복하지 아니하면 가게 하지 아니하겠나이다"(창 32:24-26).

하나님이라는 존재가 개입하면서 하나님의 약속은 점차 위태로워지게 되었지만, 그만큼 더 많이 하나님의 약속이 그 문제에 끼어들게 되었다. 에서의 성질, 에서의 행위, 에서의 성품도 거기에 개입되었다. 이것은 굉장히 주목할 만한 사건이다. 많은 일이 거기에 달려 있었다. 야곱은 자기의 주장을 계속해서 굽히지 않았으며, 커다란 싸움과 힘겨운 씨름을 통해 자기의 간청을 억지로 밀어붙이고 있었다. 이것은 끈질긴 간청이 무엇인지를 보여주는 가장 좋은 사례다.

그 결과 마침내 야곱은 승리를 쟁취하게 되었다. 이로 말미암아 야곱의 이름과 성격이 바뀌었으며, 이제 야곱은 전혀 다른 새로운 사람이 되었다. 다른 무엇보다 야곱 자신이 구원을 얻었다. 야곱은 자기 인생과 영혼에 축복을 받았다. 그러나 이보다 더 많은 것이 성취되었다. 에서 역시 급격한 심경의 변화를 겪었다. 야곱을 파멸시키려 애쓰면서, 심지어 자기 동생에 대한 증오와 복수심을 가득 안고 여기까지 달려왔던 에서는 이상하고도 놀라운 영향을 받은 나머지 전혀 딴 사람으로 변화되어 자기 동생을 향한 태도가 급격히 달라졌다. 그래서 드디어 두 형제가 만났을 때 사랑이 두려움과 증오를 대신하여 두 사람은 서로 앞다투어 진정한 형제애를 보여주게 된다.

하나님의 약속은 반드시 성취된다. 그러나 이와 같은 일이 이루어지기 위해서는 먼저 밤새도록 끈덕지게 기도하는 게 필요하다. 그 약속을 확실하게 만들고 열매를 맺도록 하기 위해서는 야곱의 편에서 끝까지 붙잡고 늘어지면서 씨름하는 두렵고 어두운 밤을 지새워야 했다. 이처럼 야곱의 기도는 매우 놀라운 일을 이루어냈다. 그러니까 이와 같은 종류의 기도는 오늘날에도 같은 결과를 만들어낼 것이다. 하나님의 약속과 야곱의 기도는 너무나 놀라운 면류관을 씌워 주었으며, 그와 같은 놀라운 결과로 가득 채워지게 되었다.

"많은 날이 지나고 제삼 년에 여호와의 말씀이 엘리야에게 임하여 이르시되 너는 가서 아합에게 보이라 내가 비를 지면에 내리리라"(왕상 18:1)는 말씀은 극심한 기근으로 그 땅에 저주를 내리신 이후에 그분의 신실한 종 엘리야를 향한 하나님의 명령과 약속이었다. 수많은 영광스러운 결과는 엘리야 편에서 보여준 그날의 영웅적인 믿음과 의연한 용기를 특징적으로 나타내는 것이었다. 이스라엘에게 가장 중요한 문제가 성공적으로 해결되었으며 하늘에서 불이 떨어졌고, 이스라엘은 다시 마음을 돌이켰으며 바알 선지자들은 죽임을 당했다. 그런데도 여전히 비는 내리지 않았다. 하나님이 약속하신 한 가지 일, 유일한 일이 아직 이루어지지 않고 있었다. 이제 날이 서서히 저물어가고 있었으며 경외심으로 가득했던 군중은 점차 낙심하게 되었지만, 눈에 보이지 않는 거룩한 손에 여전히 붙잡혀 있었다.

그리하여 엘리야는 이스라엘 백성에게서 하나님에게로, 바알에게서 이 최종적인 문제와 최종적인 승리를 위한 도움의 유일한 원천으로 발걸음을 돌렸다. 이 선지자의 쉴 새 없는 끈덕진 열정은 일곱 번이나 동일하게 그대로 반복되었다. 엘리야의 깨어 있는 파수 기도는 일곱 번이나 반복될 때까지 아무런 보상을 받지 못했으며, 그 약속은 마지막 성취를 이루기까지 충분히 간청되지 않았다. 그러나 엘리야의 불같이 집요한 기도는 하나님의 약속이 승리하는 결과를 가져오게 하였으며, 마치 소나기처럼 주룩주룩 비가 내리도록 만들었다.

"일곱 번째 이르러서는 그가 말하되 바다에서 사람의 손 만한 작은 구름이 일어나나이다. 이르되 올라가 아합에게 말하기를 비에 막히지 아니하도록 마차를 갖추고 내려가소서 하라 하니라. 조금 후에 구름과 바람이 일어나서 하늘이 캄캄해지며 큰 비가 내리는지라. 아합이 마차를 타고 이스르엘로 가니 여호와의 능력이 엘리야에게 임하매 그가 허리를 동이고 이스르엘로 들어가는 곳까지 아합 앞에서 달려갔더라"(왕상 18:44-46).

우리의 기도가 너무나 자그맣고 미약하여 하나님의 목적을 실행하거나 하나님의 약속에 합당한 권능을 부어달라고 요청하기에는 한참 못 미칠 수 있다. 그렇기에 감히 믿기 어려울 정도로 놀라운 목적이 이루어지기 위해서는 그만큼 놀라운 기도가 필요하다. 기적을 만들어내는 약속이 실현되기 위해서는 그처럼 기적을 만들어내는 기도가 필요하다. 오직 거룩한 기도만이 거룩한 약속에 어떤 영향을 미치거나 어떤 거룩한 목적을 수행할 수 있다.

하나님이 그분의 백성에게 제시하는 약속이 얼마나 위대하고 숭고하고 고상하단 말인가! 하나님의 목적이 얼마나 영원하단 말인가! 하나님의 약속이 '지극히 크고 보배로운' 데도 왜 우리는 너무나 빈약한 경험과 천박한 삶을 계속 영위하고 있단 말인가? 왜 하나님의 영원한 목적이 그토록 더디게 진척되고 있단 말인가? 왜 그토록 빈약하게 실행되고 있단 말인가? 우리가 거룩하신 하나님의 약속을 적절히 활용하지 못하고 하나님의 약속을 신뢰하지 못하는 것을 해결하기 위해서는 오직 믿음으로 기도하는 수밖에 그 어떤 해결책도 없다.

기도는 하나님의 목적과 약속에 기초를 둔다. 기도는 하나님께 순복하는 것이다. 기도는 하나님의 뜻을 거스르면서 충성을 다하지 못하는 탓에 거칠게 토해내는 한숨이 전혀 아니다. 기도는 이루 다 말로 표현할 수 없는 고뇌의 시간에 느끼는 쓰디쓴 마음과 끔찍할 정도로 무거운 마음에 맞서 큰 소리로 부르짖는 것일 수도 있다. "내 아버지여 만일 할 만하시거든 이 잔을 내게서 지나가게 하옵소서." 그런데도 이 기도는 가장 달콤하고도 재빠른 순복으로 바뀌게 된다. "그러나 나의 원대로 마시옵고 아버지의 원대로 하옵소서"(마 26:39, 막 14:36, 눅 22:42).

그러나 일상적으로 한결같은 깊은 흐름 속에서 이루어지는 기도는 하나님 말씀이라는 직접적인 약속에 기초하여 성령님의 조명하심 아래서 하나님의 뜻에 의식적으로 순응하는 것이다. 하나님 말씀이 기도의 확실한 토대라는 사실보다 더 확실한 것은 없다. 기도로 탄원하면서 가장 기본으로 삼아야 할 또 다른 토대는 없다. 다른 모든 것은 그림자처럼 공허하며 모래처럼 불안정하고 변덕스럽기 짝이 없다. 다른 어떤 우리의 감정이나 공로나 행위가 아니라 오직 하나님의 약속만이 믿음의 유일한 기초요, 기도의 견고한 토대이다.

그러나 이와 같은 진술의 정반대 역시 사실이다. 하나님의 약속은 기도에 의존적이며 조건적인데, 기도는 그 약속을 적절히 활용하여 의식적으로 실현하기 위한 것이기 때문이다. 그 약속은 우리 안에서 자리를 잡게 되고 우리로 말미암아 적절히 활용되며 기도를 통한 믿음의 팔에 단단히 붙잡히게 된다. 기도가 그러한 약속에 능력을 부여하고 그 약속을 개인화하여 적절히 활용하게 하며, 유용하게 쓰이도록 만든다.

기도는 그 약속에 구체적이고 현실적인 용도를 제시한다. 기도는 열매 맺는 비옥한 토양에 뿌려진 씨앗처럼 그러한 약속의 씨를 뿌린다. 비가 내리는 것과 마찬가지로 약속은 일반적이고 보편적이다. 기도는 그러한 약속을 개인적인 용도에 맞추어 구체화하고 촉진시키며 자리를 잡아준다. 기도는 믿음으로 하나님의 지극히 크고 보배로운 약속으로 가득한 커다란 과수원으로 들어가, 그와 같은 믿음의 손과 마음으로 가장 잘 익은 열매를 풍성하게 수확하도록 도와준다. 이것이 하나님의 약속 위에서 기도가 이루어지는 놀라운 은혜이다.

C·H·A·P·T·E·R·03
약속은 기도하는 영혼에 위안을 준다

하나님의 거룩한 약속은 기도의 흐름에 따라 성취된다. 그러한 약속은 기도에 영감을 불어넣고 기도를 통해 충분히 실현되기까지 흘러나오며 가장 잘 익은 열매로 자라나게 된다. 에스겔서 36장에 등장하는 장엄하고 성별된 약속, 곧 신약성경에서 충분히 잘 익은 풍성한 열매를 찾을 수 있는 그 약속은 얼마나 기도를 잘 받들고 있는지를 구체적으로 보여주는 좋은 사례이다.

"내가 너희를 여러 나라 가운데에서 인도하여 내고 여러 민족 가운데에서 모아 데리고 고국 땅에 들어가서 맑은 물을 너희에게 뿌려서 너희로 정결하게 하되 곧 너희 모든 더러운 것에서와 모든 우상 숭배에서 너희를 정결하게 할 것이며 또 새 영을 너희 속에 두고 새 마음을 너희에게 주되 너희 육신에서 굳은 마음을 제거하고 부드러운 마음을 줄 것이며 또 내 영을 너희 속에 두어 너희로 내 율례를 행하게 하리니 너희가 내 규례를 지켜 행할지라. 내가 너희 조상들에게 준 땅에서 너희가 거주하면서 내 백성이 되고 나는 너희 하나님이 되리라"(겔 36:24-28).

그리고 이 약속과 이 일에 관하여 하나님은 아주 명확하게 이렇게 말씀하고 계신다.

"그래도 이스라엘 족속이 이같이 자기들에게 이루어주기를 내게 구하여야 할지라"(겔 36:37).

이러한 일들이 풍성하게 이루어지도록 더욱 진실하게 기도할수록 그들은 지극히 크고 보배로운 약속 안으로 점점 더 충만하게 들어갈 수 있었다. 왜냐하면 그 약속이 실현되는 모든 과정뿐만 아니라 처음과 나중의 결과에 있어서 그 모든 것은 전적으로 기도에 의존하기 때문이다.

아무리 새로운 심령이라도 하나님을 소유하지 못한 사람에게는 거룩한 생명의 맥박이 약동하지 못한다. 곧 사랑과 정결함 같은 온전한 마음으로 가득하여 보배로운 혜택을 받은 나머지, 회개하는 영으로 기도하기 위해 그 입술을 움직이려 몸부림친 적이 전혀 없는 사람 말이다. 하나님은 뜨겁게 기도함으로써 성령의 내주하심을 간절히 사모한 적이 전혀 없는 사람에게는 결코 그분의 성령을 부어주시지 않는다. 기도하지 않는 영은 정결한 마음과 그다지 친밀하지 못하다. 기도와 순전한 마음은 나란히 함께 간다. 마음의 순전함은 기도에 따라오지만, 기도는 예수 그리스도의 보혈로 정결해진 마음에서 자연스럽고 자발적으로 흘러넘치게 된다.

이와 같은 연관성을 바탕으로 하나님의 약속은 항상 개인적이고 구체적이라는 점에 주목하기 바란다. 그 약속은 일반적이거나 보편적이지도 않고 불명확하거나 모호하지도 않다. 그 약속은 모든 사람에게 영향을 끼치는 것이 아니라 오히려 각각의 개인에게로 향한다. 그 약속은 각 사람을 다룬다. 각 성도는 마치 자기 것인 양 그 약속을 의지해 얼마든지 요청할 수 있다. 하나님은 각 사람을 개인적으로 다루신다. 그러므로 모든 성도는 그 약속을 각자 저마다 시험해 볼 수 있다.

"이는 여호와의 말씀이라. 이르시기를 나는 나를 가까이하는 자 중에서 내 거룩함을 나타내겠고 온 백성 앞에서 내 영광을 나타내리라 하셨느니라"(레 10:3).

하나님의 약속을 일반화시킬 필요는 전혀 없으며 모호함 속에서 길을 잃어버려서도 안 된다. 기도하는 성도는 그 약속 위에 손을 얹고 그 약속이 마치 자기 것인 양 간구할 수 있다. 자신에게 있는 현재와 장래의 모든 필요를 기꺼이 받아주실 목적으로 특별히 자기 자신에게만 약속하신 것처럼 그 약속을 따라 얼마든지 주장할 권리가 있다.

아무리 어려움이 닥친다고 하더라도
아무리 위험이 두렵다 하더라도
아무리 친구들이 모조리 떠나간다고 할지라도
아무리 원수들이 힘을 합친다고 하더라도

그러나 무슨 일이 일어나더라도
우리에게 한 가지 확실한 것은
그 약속이 우리에게 확신을 주는 것은
하나님이 늘 공급해 주시리라는 사실이다.

한번은 예레미야가 이스라엘의 포로생활과 포로기간의 끝마침에 관해 이야기하면서 전능하신 하나님 말씀을 인용하여 이렇게 말했다.

"여호와께서 이와 같이 말씀하시니라. 바벨론에서 칠십 년이 차면 내가 너희를 돌보고 나의 선한 말을 너희에게 성취하여 너희를 이곳으로 돌아오게 하리라"(렘 29:10).

그러나 이처럼 강력하고 명확한 하나님의 약속은 기도에 관한 약속과 짝을 이루어 곧이어 이러한 말씀이 뒤따른다.

"여호와의 말씀이니라. 너희를 향한 나의 생각을 내가 아나니 평안이요 재앙이 아니니라. 너희에게 미래와 희망을 주는 것이니라. 너희가 내게 부르짖으며 내게 와서 기도하면 내가 너희들의 기도를 들을 것이요 너희가 온 마음으로 나를 구하면 나를 찾을 것이요 나를 만나리라"(렘 29:11-13).

이것은 그 약속이 온전히 성취되기 위해서는 전적으로 기도에 의존한다는 사실을 매우 명백하게 보여준다.

또한 우리는 다니엘서에서 이와 같은 말씀을 만난다.

"메대 족속 아하수에로의 아들 다리오가 갈대아 나라 왕으로 세움을 받던 첫 해 곧 그 통치 원년에 나 다니엘이 책을 통해 여호와께서 말씀으로 선지자 예레미야에게 알려주신 그 연수를 깨달

았나니 곧 예루살렘의 황폐함이 칠십 년만에 그치리라 하신 것이니라. 내가 금식하며 베옷을 입고 재를 덮어쓰고 주 하나님께 기도하며 간구하기를 결심하고 내 하나님 여호와께 기도하며 자복하여 이르기를 크시고 두려워할 주 하나님, 주를 사랑하고 주의 계명을 지키는 자를 위하여 언약을 지키시고 그에게 인자를 베푸시는 이시여"(단 9:1-4).

다니엘은 포로기간이 끝나감에 따라 오직 강력한 기도에 전념하여 그 약속이 성취되어 포로생활이 끝나게 해달라고 간구했다. 바벨론 포로의 사슬을 끊어버리고, 이스라엘을 자유롭게 풀려나게 하며 하나님의 백성을 고국으로 돌아가도록 한 것은 예레미야와 다니엘의 기도에 따른 하나님의 약속이었다. 그 약속과 기도는 하나님의 목적을 수행하고 하나님의 계획을 실행하기 위해 나란히 함께 나아갔다.

또한 사도 바울에게 허락하신 약속은 바울의 사도적인 사명에 아로새겨진 것인데, 예루살렘에서 체포된 이후로 그 약속과 바울은 서로 긴밀한 관계를 맺게 되었다. 이때 바울은 아그립바왕 앞에서 자신을 변호하고 있었다. 그 약속은 이와 같은 것이었다.

"이스라엘과 이방인들에게서 내가 너를 구원하여 그들에게 보내어"(행 26:17).

바울은 어떻게 이 약속이 자신에게서 효력을 나타내도록 했을까? 도대체 어떻게 바울은 그 약속이 실현되도록 했단 말인가?

여기에 그 해답이 있다. 사람들, 곧 유대인과 이방인들에게 심하게 괴롭힘을 당한 나머지 바울은 로마에 있는 형제자매들에게 기도해 달라고 다음과 같이 편지로 강력하게 요청했다.

"형제들아 내가 우리 주 예수 그리스도와 성령의 사랑으로 말미암아 너희를 권하노니 너희 기도에 나와 힘을 같이하여 나를 위하여 하나님께 빌어 나로 유대에서 순종하지 아니하는 자들로부터 건짐을 받게 하고 또 예루살렘에 대하여 내가 섬기는 일을 성도들이 받을 만하게 하고 나로 하나님의 뜻을 따라 기쁨으로 너희에게 나아가 너희와 함께 편히 쉬게 하라"(롬 15:30-32).

사도 바울의 기도와 연합한 로마 사람들의 기도는 바울이 어려운 상황에서 확실하게 벗어나 안전을 확보하기 위한 것이었으며, 또한 그와 같은 사도직에 관한 약속을 지극히 중요하게 만들어 충분히 실현되도록 보증하기 위한 것이었다.

모든 것은 하나님 말씀과 기도로 말미암아 거룩하게 성별되고 실현된다. 만약 우리가 이러한 약속을 기도에 올바로 활용하지 못하고, 우리의 심령에 충만하게 생명을 불어넣는 생명수를 그로부터 받아내지 못한다면, 하나님의 깊고 넓은 강물 같은 약속은 오히려 치명적인 영향력을 미치게 되거나 그냥 심연으로 빠져들어 가 길을 잃고 말 것이다.

제자들을 향한 성령님의 약속은 눈에 띄는 방식으로 다가오는 '하나님 아버지의 약속'이었다. 하지만 그 약속은 여러 날 동안 지속적이고 끈질긴 기도 후에야 실현될 수 있었다. 그 약속은 분명하고 명확하여 제자들이 위로부터 내려오는 능력을 부여받게 되겠지만, 그와 같은 성령의 능력을 받는 조건으로서 제자들은 '위로부터 내려오는 능력을 받을 때까지 예루살렘 도성을 떠나지 말고' 기도하라는 분부를 받았다(행 1:4 참조). 그 약속의 성취는 '떠나지 말고 머물러 있는 것'에 달려 있었다.

이와 같은 '능력 부여'에 관한 약속은 기도로 말미암아 더욱 확실해졌다. 기도는 영광스러운 결과로 말미암아 그 약속을 보증하였다. 그리하여 우리는 이렇게 기록된 약속을 발견하게 된다. "이 사람들은 여자들과 함께 한마음으로 기도와 간구를 계속하였다"(행 1:14 참조). 그런데 그때 성령님이 그 사람들에게 임하셨으며 그 사람들이 모두 성령으로 충만해졌다. 바로 그 약속을 신뢰하며 기도하는 동안에 말이다. 이 사실은 우리에게 굉장히 의미심장한 사실을 보여준다. 곧 기도와 약속은 항상 나란히 함께한다는 사실 말이다.

예수 그리스도께서 자기 제자들에게 이렇게 커다랗고 명확한 약속을 내놓으신 이후에 그분은 저 높은 곳으로 승천하셨으며, 찬양과 권능으로 충만한 하나님 아버지의 보좌 우편에 앉아계신다. 그러나 성령을 보내시겠다고 말씀하신 그분의 약속은 단지 보좌에 앉으신 것만으로 성취된 것이 아니었다. 약속하신 것 자체로 성취되었다고 할 수 없다. 그리고 그때는 성령의 임하심이 이 세상에서 하나님의 명분에 관한 유일한 소망인 것도 아니었다.

이처럼 아무리 강력하고 온 마음을 빼앗아 가는 온갖 이유를 들이대더라도 성령의 임하심에 즉각적으로 영향을 미치는 명분이 될 수는 없었다. 그 해결책은 제자들의 태도에서 찾을 수 있다. 그 해답은 여자들과 함께 제자들이 여러 날 동안 다락방에서 뜨겁게 구체적으로 계속해서 기도했다는 사실에서 찾을 수 있다. 그 유명한 오순절 사건이 벌어지게 된 것은 바로 기도 때문이었다.

그런데 이것은 그때도 그랬던 것처럼 지금도 마찬가지일 수 있다. 만약 그와 같은 종류의 기도가 있다면 그 기도는 오늘날에도 역시 동일하게 오순절을 일으킬 수 있을 것이다. 왜냐하면 이 약속은 아직도 그 능력과 생명력이 고갈되지 않았기 때문이다. 바로 그 '하나님 아버지의 약속'은 여전히 이 시대의 제자들에게도 같이 효력을 유지하고 있기 때문이다.

기도, 강력한 기도, 연합하여 지속해서 뜨겁게 거의 2주 동안 계속된 기도는 오순절의 영광과 권능으로 교회와 온 세상에 성령이 임하게 하였다. 그리고 강력하고 지속적인 연합 기도는 지금도 역시 그와 같은 일을 이루어낸다.

주 하나님, 거룩한 성령이시여,
이렇게 받으시는 시간에
마치 오순절 날처럼
주님의 모든 권능으로 내려오소서.

우리는 한마음으로
정해진 곳에서 만나
우리 주님의 약속을 기다리오니
모든 은혜의 성령이시여, 오시옵소서.

또한 죄인을 향한 하나님의 모든 종류와 정도의 약속은 동일하게 확실하며, 그것은 모든 진실한 참회자의 간절한 부르짖음을 통해 실현된다는 사실을 그냥 지나쳐서는 안 된다. 믿는 자를 향한 약속이 그들의 기도에 대한 응답으로 실현되는 것과 마찬가지로, 그 약속이 상한 심령을 지닌 죄인들의 기도에 대한 응답으로 실현되는 것은 구원받지 못한 사람이 회개하며 하나님을 찾을 때 그들을 향한 거룩한 약속 역시 동일하게 실현된다는 것이다.

이처럼 자비에 대한 약속과 그에 따른 너그러운 용서는 하나님을 찾으면서 그분의 이름을 부르는 것과 서로 긴밀하게 묶여 있다. 그래서 선지자 이사야는 이렇게 말했다.

"너희는 여호와를 만날 만한 때에 찾으라. 가까이 계실 때에 그를 부르라. 악인은 그의 길을, 불의한 자는 그의 생각을 버리고 여호와께로 돌아오라. 그리하면 그가 긍휼히 여기시리라. 우리 하나님께로 돌아오라. 그가 너그럽게 용서하시리라"(사 55:6-7).

"나는 나를 구하지 아니하던 자에게 물음을 받았으며 나를 찾지 아니하던 자에게 찾아냄이 되었으며 내 이름을 부르지 아니하던 나라에 내가 여기 있노라. 내가 여기 있노라 하였노라. 내가 종일 손을 펴서 자기 생각을 따라 옳지 않은 길을 걸어가는 패역한 백성들을 불렀나니"(사 65:1-2).

기도하는 죄인은 자비를 얻는다. 왜냐하면 그의 기도가 죄 많은 죄인을 용서해주시는 권한을 가진 분이 말씀하신 용서의 약속에 기초하고 있기 때문이다. 하나님을 찾아 회개하는 구도자는 자비를 얻는다. 왜냐하면 회개하는 믿음으로 주님을 찾는 모든 사람에게 자비에 관한 명확한 약속이 있기 때문이다. 기도는 항상 하나님을 찾는 영혼에 용서를 가져온다. 너그러운 용서는 그 죄인을 향한 하나님의 약속에 따라 그 약속이 얼마나 실현되느냐에 달려 있다.

구원은 믿는 사람에게 약속됐지만 믿는 죄인은 항상 기도하는 죄인이다. 하나님은 기도하지 않는 신앙 고백자에게 아무것도 약속하지 않으시는 것과 마찬가지로 기도하지 않는 죄인에게 아무런 용서도 약속하지 않으신다. 바울이 회개한 후 기도한 것은 죄인이 하나님을 찾는 올바른 길로 나아가고 있다는 증거이자 틀림없는 신실함의 징표이다. 그뿐만 아니라 너그러운 용서에 대한 확실한 예언이기도 하다.

가엾은 죄인에게 소망을 주는 것은 자비, 용서, 양자로 입양됨에 대한 거룩한 하나님의 약속이다. 이것은 그 죄인이 기도할 수 있도록 격려한다. 이것은 그 죄인이 불안에서 벗어나 "다윗의 아들 예수여, 저를 불쌍히 여기시어 자비를 베풀어주소서"라고 소리 높여 외치게 만든다.

성도에게 말씀하신 약속들이 얼마나 엄청난 것인가! 가난하고 굶주린 심령, 타락으로 멸망할 수밖에 없는 잃어버린 죄인들에게 주신 약속이 얼마나 엄청난 것인가! 그런데 기도는 그 모든 사람을 품기에 충분히 큰 팔을 갖고 있으며, 결국에는 그와 같은 사실을 증명해 보인다. 이러한 하나님의 약속이 모든 영혼에 얼마나 커다란 격려와 위안을 주는가! 우리의 믿음이 의존하는 토대가 얼마나 굳건한가! 그것이 얼마나 기도를 자극하는가! 그것은 기도하는 가운데 충분히 우리의 간청에 기초로 삼을 만한 얼마나 굳건한 토대란 말인가!

> 우리의 기도가 너무나 자그맣고 미약하여
> 하나님의 목적을 실행하거나 하나님의 약속에
> 합당한 권능을 부어달라고 요청하기에는
> 한참 못 미칠 수 있다. 그렇기에 감히 믿기
> 어려울 정도로 놀라운 목적이 이루어지기 위해서는
> 그만큼 놀라운 기도가 필요하다.

"사람이 하나님의 뜻을 행하려 하면 이 교훈이 하나님께로부터 왔는지
내가 스스로 말함인지 알리라"(요 7:17).

P·a·r·t·02

기도의 무한한 가능성에 주목하라

C·H·A·P·T·E·R·04
기도의 가능성은 우리 믿음의 가능성이다

기도의 가능성이 얼마나 거대하단 말인가! 그 영향력이 얼마나 널리 미친단 말인가! 이처럼 거룩한 하나님이 정해주신 은혜의 수단을 통해 얼마나 놀라운 일이 성취된단 말인가! 기도는 전능하신 하나님께 손을 얹어 다른 방식으론 도저히 행하시지 않는 일을 행하시도록 하나님을 움직인다. 기도는 다른 방식으로는 결코 일어나지 못할 일이 일어나게 만든다. 기도에 관한 이야기는 위대한 성취에 관한 이야기이다.

기도는 전능하신 하나님이 성도의 손에 쥐여주신 놀라운 능력이다. 성도는 위대한 목적을 달성하고 비범한 결과에 도달하기 위해 그와 같은 기도의 능력을 얼마든지 사용할 수 있다. 기도는 모든 것에 광

범위하게 영향을 미치며, 하나님이 사람의 자손에게 약속하신 크고 작은 모든 일에 관계한다. 기도에 대한 유일한 제한은 하나님의 약속이며, 그러한 약속을 성취하시는 하나님의 능력이다.

"나는 너를 애굽 땅에서 인도하여 낸 여호와 네 하나님이니 네 입을 크게 열라. 내가 채우리라 하였으나… 내 백성아 내 말을 들으라. 이스라엘아 내 도를 따르라"(시 81:10,13).

기도의 성과에 관한 기록들은 믿음을 고무시키며 성도의 기대감을 높이고 실제로 기도하는 가운데 기도의 가치를 시험하는 모든 사람에게 영감을 불어넣는다. 기도는 단순히 시험해보지 않은 이론이 아니다. 기도는 사람의 두뇌에서 억지로 꾸며낸, 그리고 사람들에게서 시작된 어떤 이상하고도 별난 계책도 아니다. 또한 한 번도 실제로 적용해 보거나 시험해보지 않은 어떤 발명품도 아니다.

기도는 하나님의 도덕적인 통치 안에서 이루어지는 거룩한 준비과정이다. 성도의 유익을 위해 계획된 것인 동시에 이 땅에서 하나님의 명분에 관한 관심을 촉진하고 구속과 섭리 안에서 그분의 은혜로운 목적을 수행하기 위한 수단으로 의도된 것이다. 기도는 그 자체로도 충분히 입증된다. 기도는 오직 기도하는 사람을 통해 그 가치가 입증된다. 기도는 그 자체의 성과 이상으로 다른 어떤 증거가 필요하지는 않다.

"사람이 하나님의 뜻을 행하려 하면 이 교훈이 하나님께로부터 왔는지 내가 스스로 말함인지 알리라"(요 7:17).

만약 어떤 사람이 기도의 가치를 알려고 하면, 만약 그 사람이 기도로 무엇을 할 수 있을지 알려고 하면 그냥 단순히 그 사람이 기도하게 하면 된다. 그 사람이 직접 기도를 시험해보게 하면 된다.

기도의 폭이 얼마나 넓은가! 기도의 높이는 얼마나 높은가! 기도는 하나님과 사람을 위해 불타오르는 영혼의 호흡이다. 기도는 복음이 나아가는 만큼 멀리 나아가며 복음만큼이나 광대하고 동적이다. 그러므로 우리에게는 언제나 깊은 기도가 필요하다.

이 땅 가운데서 아직 손에 넣지 못하고 멀어진 이 모든 영역을 하나님과 그분의 아들 예수 그리스도께 향하게 하고, 거기에 깊은 인상을 심어주고 감동을 전하기 위해서는 얼마나 많은 기도가 요구된단 말인가? 만약 과거에 그리스도의 제자라고 고백하는 사람들이 마땅히 그래야 하는 만큼 기도해 왔다면 수천 년의 인류 역사 가운데 지금도 여전히 죽음, 죄, 무지 등에 묶여 있는 영역은 남아 있지 않았을 것이다.

그런데 슬프게도 인간의 불신앙이 기도를 통해 일하시는 하나님의 능력을 얼마나 많이 제한해 왔던가! 기도하지 않음으로 말미암아 예수 그리스도의 제자들이 기도에 얼마나 많은 제한을 가해 왔단 말인가! 교회가 기도를 무시함으로써 얼마나 많이 복음을 제한하였으며 거기에 접근하는 통로를 닫아버렸단 말인가!

그러나 기도의 여러 가지 가능성은 복음을 전할 수 있도록 문을 열어준다.

"기도를 계속하고 기도에 감사함으로 깨어 있으라. 또한 우리를 위하여 기도하되 하나님이 전도할 문을 우리에게 열어주사 그리스도의 비밀을 말하게 하시기를 구하라. 내가 이 일 때문에 매임을 당하였노라. 그리하면 내가 마땅히 할 말로써 이 비밀을 나타내리라"(골 4:2-4).

이처럼 기도는 사도들에게 말씀 전할 문을 열어주고, 복음 전파할 기회를 창출할뿐더러 복음의 문을 열어준다.

우리는 기도로 하나님께 호소한다. 하나님은 기도로 말미암아 움직이시기 때문이다. 그로 말미암아 하나님은 어떤 확대된 방식과 여러 새로운 방법으로 그분의 일을 행하기 위해 움직이신다. 기도의 여러 가지 가능성은 복음에 커다란 능력을 불어넣고 복음을 전파할 문을 열어줄 뿐만 아니라 복음을 훨씬 더 수월하게 전할 수 있게 만든다. 기도는 복음이 매우 신속하게 나아가게 하며 놀라울 정도로 재빨리 전진하게 만든다. 강력한 기도의 에너지로 말미암아 추진되는 복음은 느리거나 게으르거나 무디지 않다. 그 복음은 하나님의 능력으로, 하나님의 광채를 비추면서 천사같이 재빠르게 움직인다.

"끝으로 형제들아 너희는 우리를 위하여 기도하기를 주의 말씀이 너희 가운데서와 같이 퍼져나가 영광스럽게 되고"(살후 3:1)라는 부탁은 사도 바울의 기도 요청이었다. 바울의 믿음은 이미 전파된 말씀에 대한 기도의 가능성에까지 잇닿아 있었다. 그 이전에 복음은 종종 머뭇거리듯 너무 느리며 게으르고 힘없는 발걸음으로 움직였다. 그런데 이 복음을 육상선수처럼 재빨리 달리게 할 수 있는 것은 무엇이겠는가? 이 복음에 거룩한 신적인 광채와 영광을 허락하며, 하나님과 그리스도께서 충분히 움직일 만한 가치를 부여하는 게 무엇이겠는가? 그 대답은 바로 가까운 곳에 있다. 기도, 더 많은 기도, 더 나은 기도가 바로 그런 일을 이루어낸다. 이와 같은 은혜의 수단은 복음을 신속하게 퍼뜨리고 복음에 빛나는 광채와 거룩한 신성을 더할 것이다.

기도의 여러 가지 가능성은 모든 것에 영향을 미친다. 인간의 가장 고상한 복지에 관한 것이라면 무엇이든지, 그리고 이 땅에 있는 인간에 관한 하나님의 계획과 목적에 관련된 것이라면 무엇이든지 기도해야 하는 주제이다.

"너희 중의 두 사람이 땅에서 합심하여 무엇이든지 구하면 하늘에 계신 내 아버지께서 그들을 위하여 이루게 하시리라"(마 18:19).

"너희가 기도할 때에 무엇이든지 믿고 구하는 것은 다 받으리라 하시니라"(마 21:22).

"그러므로 내가 너희에게 말하노니 무엇이든지 기도하고 구하는 것은 받은 줄로 믿으라. 그리하면 너희에게 그대로 되리라"(막 11:24).

"너희가 내 이름으로 무엇을 구하든지 내가 행하리니 이는 아버지로 하여금 아들로 말미암아 영광을 받으시게 하려 함이라. 내 이름으로 무엇이든지 내게 구하면 내가 행하리라"(요 14:13-14).

"너희가 내 안에 거하고 내 말이 너희 안에 거하면 무엇이든지 원하는 대로 구하라. 그리하면 이루리라"(요 15:7).

"무엇이든지 구하는 바를 그에게서 받나니 이는 우리가 그의 계명을 지키고 그 앞에서 기뻐하시는 것을 행함이라"(요일 3:22).

"그를 향하여 우리가 가진 바 담대함이 이것이니 그의 뜻대로 무엇을 구하면 들으심이라. 우리가 무엇이든지 구하는 바를 들으시는 줄을 안즉 우리가 그에게 구한 그것을 얻은 줄을 또한 아느니라"(요일 5:14-15).

이러한 말씀에서 '무엇이든지'(whatsoever)는 우리, 또는 인간의 자손과 하나님의 자녀에 관한 모든 것을 포함하고 있다. 그러니까 '무엇이든지'에서 제외되는 것은 무엇이든지 기도에서도 제외된다. 도대체 어디에다 '무엇이든지'라는 말씀에서 제외되거나, 그 말씀을 제한하는 경계선을 그을 수 있단 말인가? 그러므로 우리는 '무엇이든지'의 뜻을 명확히 밝히고, 그 말씀에 포함되지 않는 것들을 찾아낼 필요가 있다. 만약 '무엇이든지'에 모든 것이 포함되지 않는다면 거기에다 '어떤 것이든'(anything)이라는 말을 보태면 된다. "내 이름으로 무엇이든지(anything) 내게 구하면 내가 행하리라"(요 14:14)처럼 말이다.

만약 우리가 기도의 여러 가지 가능성을 터득하고, 엄청나게 넓은 범위에 걸쳐 영향을 미치는 기도 응답에 관해 거룩하신 하나님의 약속을 믿음으로 담대히 취하기만 했다면 얼마나 풍성한 은혜가, 얼마나 영적이고 현세적인 축복이, 이 세상에 사는 동안뿐만 아니라 영원토록 얼마나 좋은 것들이 우리의 소유로 바뀌었겠는가! 만약 우리가 커다란 기대를 하고 기도하는 법을 터득했다면 우리 시대에 얼마나 커다란 축복과 하나님의 명분이 진척되었겠는가! 도대체 누가 이 세대를 일으켜 세우고 이 교훈을 교회에 가르쳐주겠는가? 그것은 어린아이 같은 아주 단순한 교훈이지만, 도대체 누가 기도를 구체적으로 시험할 정도로 충분히 배웠단 말인가? 그것은 어디에도 비길 데가 없을 정도로 보편적으로 유익한, 매우 훌륭한 교훈이다. 기도의 여러 가능성은 이루 다 말로 표현할 수 없다.

우리 주님은 요한복음 15장의 강론에서 그분에 대한 우정을 기도와 연결하신다. 그러면서 열두 제자를 선택하신 목적은 기도를 통해 제자들이 많은 열매를 맺게 하려는 계획이었다고 말씀하신다.

"내 계명은 곧 내가 너희를 사랑한 것같이 너희도 서로 사랑하라 하는 이것이니라. 사람이 친구를 위하여 자기 목숨을 버리면 이보다 더 큰 사랑이 없나니 너희는 내가 명하는 대로 행하면 곧 나의 친구라. 이제부터는 너희를 종이라 하지 아니하리니 종은 주인이 하는 것을 알지 못함이라. 너희를 친구라 하였노니 내가 내 아버지께 들은 것을 다 너희에게 알게 하였음이라. 너희가 나를 택한 것이 아니요 내가 너희를 택하여 세웠나니 이는 너희로 가서 열매를 맺게 하고 또 너희 열매가 항상 있게 하여 내 이름으로 아버지께 무엇을 구하든지 다 받게 하려 함이라. 내가 이것을 너희에게 명함은 너희로 서로 사랑하게 하려 함이라"(요 15:12-17).

여기서 우리는 다시 명확히 규정되지 않고 아무런 제한도 없는 '무엇이든지'라는 말을 만나게 된다. 이 말씀에는 우리가 기도의 여러 가능성 안에서 기도해야 하는 모든 것과 권리가 포함되어 있다.

우리는 여전히 예수님의 또 다른 선포와 만나게 된다.

> "그날에는 너희가 아무것도 내게 묻지 아니하리라. 내가 진실로 진실로 너희에게 이르노니 너희가 무엇이든지 아버지께 구하는 것을 내 이름으로 주시리라. 지금까지는 너희가 내 이름으로 아무것도 구하지 아니하였으나 구하라. 그리하면 받으리니 너희 기쁨이 충만하리라"(요 16:23-24).

여기에 기도의 광대함에 관한 우리 주님의 아주 명확한 권고가 있다. 여기서 우리는 매우 분명히 우리 주님에게 거대한 것들을 구하라고 재촉받고 있다. 그런데 이것은 '진실로 진실로'라고 두 번이나 '아멘'을 덧붙임으로써 위엄과 엄숙한 선포로 나타나고 있다.

우리 주님과 제자들 사이에서 벌어진 대화 가운데 이처럼 마지막에 기록된 지극히 중요한 대화에서 왜 이토록 놀라울 정도의 긴박함이 나타나고 있는가? 그것은 우리 주님이 새로운 시대를 열어가도록 제자들을 준비시키려 하고 있기 때문이다. 새로운 시대에는 오직 기도를 통해 그토록 놀라운 결과를 가져와야 하며, 그리하여 기도는 그분의 복음을 지켜낼 뿐만 아니라 그 복음을 공격적으로 만드는 가장 중요한 행위가 되어야 하기 때문이다.

제자들을 택하면서 열매를 맺으라고 당부하신 우리 주님의 말씀에서 기도하는 것과 열매 맺는 것에 관련된 이와 같은 문제는 우리가 마음대로 취사 선택할 수 있는 하잘것없는 일이나 다른 문제들과 관련된 이차적인 문제가 아니다. 그것은 바로 이 기도하는 일을 위해 예수님이 제자들을 택하신 이유이다. 그분은 자신의 거룩한 택하심으로 우리를 선택하셨으므로 기도하는 이 한 가지 일을 하도록 우리에게 기대하고 계시며, 그 일을 지혜롭게 잘하기를 기대하신다. 그러므로 예수님이 우리를 제자로 선택하여 그분과 우정을 나누도록 하신 주요 목적은 우리가 더 많은 기도의 열매를 맺게 하기 위함이다.

지금 우리는 진실하게 기도하는 사람의 가능성에 주목하고 있다. 여기서 '무엇이든지'(anything)라는 단어는 범위, 영역, 경계선을 나타내는 말이다. 그게 얼마나 멀리까지 영향을 미칠 것인가에 대해서, 그리고 그게 얼마나 넓게 퍼져나갈지는 감히 우리 생각으로는 상상조차 할 수 없다. 거기에 무엇이 존재하는지에 관한 것은 우리 능력 밖의 일이다. 만약 예수님이 기도의 무한한 장엄함과 드넓을 가능성을 강조하기 원하시지 않는다면 왜 이러한 말씀, 무한정 모든 것을 포괄하는 말씀을 되풀이하면서 힘을 빼고 계시단 말인가? 왜 그분은 사람들에게 기도하라고 강하게 밀어붙이면서 우리의 가난함이 부유함으로 바뀌고 기도로 말미암아 우리에게 다함 없는 기업이 안전하게 확보될 수 있게 하시는가?

우리는 전능하신 하나님이 기도에 응답하신다는 사실에 절대적인 확신을 갖고 주장한다. 기도의 거대한 가능성과 긴급한 필요성은 하나님이 기도를 듣고 응답하신다는 이와 같은 엄청난 사실 때문에 더욱 커진다. 그러니까 하나님은 모든 기도를 듣고 응답하신다. 하나님은 각 성도의 기도를 모두 듣고 응답하시는데, 거기에는 기도의 참된 조건이 모두 충족되기 때문이다.

이것은 실제로 그럴 수도 있고 그렇지 않을 수도 있다. 만약 그렇지 않다면 기도에는 아무것도 존재하지 않는다. 그러면 기도는 단지 이런저런 말들을 암송하고 반복하는 것에 지나지 않으며 단순히 목소리 연기나 공연을 하는 공허한 의식에 지나지 않는다. 그렇다면 기도는 전혀 아무 소용도 없는 훈련에 지나지 않는다. 그러나 만약 지금까지 우리가 논의한 것이 사실이라면 기도에는 엄청난 가능성이 잠재되어 있다. 그러면 기도의 영향력은 상당히 멀리까지 도달하며 기도의 영역은 굉장히 넓어진다. 그렇다면 기도는 전능하신 하나님께 손을 얹어놓고 그분이 위대하고 놀라운 일을 하시도록 움직이게 만들 수 있다.

이처럼 기도의 여러 가지 유익, 가능성, 필요성은 그 성격상 단지 주관적인 게 아니라 극히 객관적이다. 기도는 명확한 목적을 품는다. 기도는 눈에 보이는 직접적인 계획을 세우고 있다. 기도는 항상 마음의 눈으로 구체적인 어떤 것을 바라보게 한다. 물론 기도로부터 생겨나는 어떤 주관적인 유익이 있을 수 있지만 그것은 순전히 부차적일 뿐이다. 기도는 항상 어떤 구체적인 목적에 직접 이끌리며 어떤 원하는 목적을 확실히 담보하기 위해 애쓴다. 기도는 우리에게 없지만, 우리가 바라고 하나님이 우리에게 약속하신 어떤 것을 달라고 부르짖으면서 구하고 찾고 문을 두드리는 것이다.

기도는 하나님께 직접 청원하는 것이다.

"아무것도 염려하지 말고 다만 모든 일에 기도와 간구로, 너희 구할 것을 감사함으로 하나님께 아뢰라"(빌 4:6).

기도는 축복을 안전하게 확보하며, 하나님의 귀에까지 도달하기에 사람이 더 성장하게 만든다. 기도가 하나님께 영향을 끼쳐 사람을 위해 무슨 일을 하시도록 움직이게 하였을 때 기도는 오직 사람에게 더 나은 것을 제공하기 위한 목적을 갖는다. 기도는 하나님께 영향을 끼침으로써 사람에게 영향을 끼친다. 기도는 사람을 움직이기 위해 하나님을 움직이기 때문에 결과적으로 사람을 움직이는 것이다. 기도는 사람에게 감화를 주기 위해 하나님께 감화를 줌으로써 결국 사람에게 감화를 준다. 기도는 온 세상을 움직이는 손을 움직이게 만든다.

> 보좌에 앉으신 예수님으로 말미암아
> 하늘 높이 날아오르는 능력은 바로 기도이다.
> 온 세상을 움직이는 손을 움직여서
> 구원을 가져오게 하는 능력은 바로 기도이다.

기도의 가장 커다란 가능성은 아직 거의 실현된 적이 없다. 하나님의 약속은 진정으로 기도하는 사람에게 너무나 거대한 나머지 기도하는 사람의 손에다 너무나 충실하게 자기 자신을 내맡길 때 그것은 거의 우리 믿음을 심하게 뒤흔들면서 오히려 놀라움으로 우리를 주저하게 만들기도 한다. 기도에 응답하셔서 '모든 것을' '어떤 것이든' '무엇이든지' '모든 것을 무엇이든' 실행하고 베풀어 주시겠다는 하나님의 약속은 너무나 크고 거대하고 지극히 광대하시다. 이것은 우리가 깜짝 놀라서 뒤로 물러서게 만들고, 자신에게 질문과 의구심을 던지게 만든다. 그러니까 우리는 "믿음이 없어 하나님의 약속을 의심"(롬 4:20)하면서 흔들리게 되는 것이다.

정말로 기도에 대한 하나님의 응답은 우리의 작은 믿음으로 말미암아 점점 줄어들게 되었다. 그리고 하나님의 능력, 너그러움, 자원들에 대한 좁다란 개념으로 말미암아 아주 낮은 수준으로까지 떨어지게 되었다. 그러므로 우리는 하나님이 모든 약속 가운데 진심을 담아 말씀하시는 선포를 항상 마음에 새기며, 자신이 단 한순간이라도 결코 의심하도록 가만히 내버려 두어서는 안 된다. 하나님의 약속이란 그분의 말씀이다. 하나님의 진실성은 그 약속 자체에 달려 있다. 그 약속에 의문을 품는 것은 그분의 신실하심을 의심하는 것이다.

하나님의 약속은 소박한 사람들을 위한 것이며, 하나님은 자신이 그렇게 하겠다고 말씀하신 대로 기도하는 모든 사람을 위해 진심으로 그렇게 행하신다.

"하나님은 약속을 기업으로 받는 자들에게 그 뜻이 변하지 아니함을 충분히 나타내시려고 그 일을 맹세로 보증하셨나니 이는 하나님이 거짓말을 하실 수 없는 이 두 가지 변하지 못할 사실로 말미암아 앞에 있는 소망을 얻으려고 피난처를 찾은 우리에게 큰 안위를 받게 하려 하심이라"(히 6:17-18).

기도의 가능성은 믿음의 가능성이다. 기도와 믿음은 샴쌍둥이

(일란성 쌍태아의 특이한 형태로 수정란이 둘로 나누어지는 과정이 불완전해서 쌍둥이의 몸이 일부 붙은 상태로 나오게 된 쌍둥이를 일컫는다. - 역주)와 마찬가지다. 하나의 심장이 그 둘 모두에게 생명을 불어넣고 있다. 믿음은 항상 기도하고 있다. 기도는 항상 믿고 있다. 믿음은 말할 수 있는 입술을 가져야 한다. 기도는 믿음의 입술이다. 믿음은 받아들여야 한다. 기도는 받기 위해 내뻗는 믿음의 손이다. 기도는 일어나서 날아올라야 한다. 믿음은 날아서 더 높이 솟아오르도록 기도에 날개를 달아주어야 한다. 기도는 하나님을 알현해야 한다. 믿음은 하늘 문을 열어 하나님을 접견하고 알현하도록 허락한다. 기도는 구한다. 믿음은 구한 것들을 단단히 붙잡는다.

하나님의 전능하신 능력은 전능한 믿음과 기도의 기초이다.

"할 수 있거든이 무슨 말이냐. 믿는 자에게는 능히 하지 못할 일이 없느니라"(막 9:23).

그리고 기도하는 자에게는 무엇이든지 구하는 대로 모든 것을 주신다. 하나님의 약속과 인간의 기도가 믿음으로 연합될 때 아무것도 "능히 하지 못할 일이 없다." 끈덕진 기도는 너무나 힘이 막강하며 도저히 버텨낼 수 없기에, 그와 같은 기도는 얼마든지 약속을 얻어내거나 전망과 약속이 신통치 않아 보일 때에도 충분히 승리하게 만든다. 사실상 신약시대의 약속은 하늘과 땅에 있는 모든 것을 포괄한다. 그 약속에 따라 하나님은 그분에게 있는 모든 것을 우리 손에 쥐여주신다. 이처럼 기도와 믿음은 사람들이 무한한 기업을 소유하게 만든다.

　기도는 무관심한 대상이나 시시한 게 아니다. 기도는 달콤해 보이나 매우 보잘것없는 어떤 특권이 아니다. 기도는 굉장히 커다란 특권이요, 기도의 효력은 아주 먼 데까지 영향을 미친다. 기도하지 않는 것은 기도를 게을리하는 사람 자체보다 훨씬 더 많은 상실을 초래한다. 기도는 그리스도인의 삶에서 단지 중간중간 끼워 넣는 삽화가 아니다. 오히려 모든 삶이 기도를 위한 준비이며 기도의 결과이다. 제대로 된 상태에서 기도는 신앙의 정수이다. 믿음은 단지 기도의 통로일 뿐이다. 믿음은 기도에 날개를 달아주어 재빨리 날아오를 수 있게 만든다. 기도는 믿음을 통해 거룩함이 살아 숨 쉬게 만드는 허파이다. 기도는 영성생활의 언어일 뿐만 아니라 영성생활의 본질을 이루는 동시에 참된 성격을 형성한다.

> 오, 사방의 적에게 아무리 짓눌려도
> 도무지 움츠러들지 않는 믿음이여!
> 이 세상에서 어떤 불행이 닥쳐와도
> 그 믿음은 전혀 흔들리지 않으리라.

주님, 우리에게 이와 같은 믿음을 주옵소서.
그런 다음에는 우리에게 무엇이 임하더라도
우리는 지금 여기에서 영원한 본향의
더없이 신성한 복락을 맛보게 하옵소서.

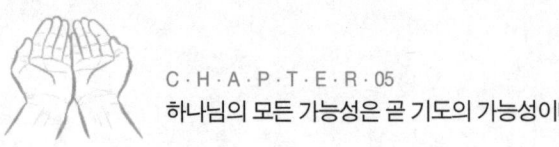

CHAPTER 05
하나님의 모든 가능성은 곧 기도의 가능성이다

지금까지 논의된 내용을 좀 더 정확하게 설명하기 위해 기도의 여러 가지 가능성을 포괄적으로 대략 살펴본 후에 세부적이고 특별한 것, 즉 성경의 사실과 원리로 옮겨가는 것이 중요하다. 그렇다면 하나님의 거룩한 계시를 통해 밝혀진 기도의 여러 가지 가능성은 무엇인가? 기도의 필요성과 기도의 존재는 사람들과 함께 존재한다. 심지어 분명하고 충만한 계시 앞에서도 자연은 기도하는 가운데 부르짖는다. 사람이 있으므로 기도가 존재한다. 하나님이 계시므로 기도가 존재한다. 기도는 인간의 본능, 필요, 열망 등 바로 그 존재 자체로부터 탄생한다.

성전 봉헌식에서 보여준 솔로몬의 기도는 영감받은 지혜와 경건한 신앙심의 산물이며, 폭넓은 범위, 세밀한 세부 사항, 풍성한 가능성, 그리고 긴급한 필요성 등을 통해 기도에 관한 명쾌하고 강력한 관점을 드러낸다. 이 기도는 기도에 관해 얼마나 세밀하고 정확한 이해를 드러내고 있단 말인가! 국가적이고 개인적인 축복이 그 기도에 포함되어 있으며 일시적이고 영적인 유익이 그 기도를 통해 기꺼이 받아들여지고 있다. 개인적인 죄악, 국가적인 대재앙, 죄, 질병, 유랑, 기근, 전쟁, 전염병, 버짐병, 가뭄, 곤충 피해, 농작물 피해, 농사에 영향을 미치는 모든 것, 대적들, 어떤 형태의 질병, 어떤 사람의 비통함, 죄책감, 죄악 등 모든 것이 단번에 이와 같은 기도 안에 포함되어 있으며 모든 것이 기도의 대상이다.

이 모든 죄악에 대해 기도는 유일하고도 보편적인 치유책이다. 순전한 기도는 모든 폐해를 치유하고 모든 질병을 치료하며 모든 상황에서 구해낸다. 그것이 아무리 무시무시하고 비참하고 두렵고 절망스러울지라도 말이다. 다른 누구도 할 수 없을 때 오직 하나님은 하실 수 있으므로 하나님께 올려드리는 기도, 곧 순전한 기도는 끔찍한 상황에서 우리를 건져낸다. 하나님께는 어떤 것도 어려울 게 없다. 하나님이 약속하신 어떤 명분도 헛되지 않다. 어떤 상황도 하나님을 단념시키거나 좌절시킬 만큼 절망적이지 않다.

전능하신 하나님은 이와 같은 솔로몬의 기도를 들으셨다. 그리고 만약 진실한 기도가 이루어지기만 한다면 온갖 적대적이고 냉혹

한 상황에도 그 상황에서 구해내고 치유하는 일에 착수하기 위해 그분 자신을 내던지실 것이다. 만약 사람이 온 마음을 다해 기도한다면, 그리고 진정으로 진실하게 기도한다면 하나님은 항상 우리를 구해주시고 응답해주시며 축복해주실 것이다.

이것이 바로 솔로몬이 웅장하고 광대하며 모든 것을 포괄하는 기도를 끝낸 후에 하나님이 솔로몬에게 말씀하신 것들에 대한 기록이다.

"밤에 여호와께서 솔로몬에게 나타나사 그에게 이르시되 내가 이미 네 기도를 듣고 이곳을 택하여 내게 제사하는 성전을 삼았으니 혹 내가 하늘을 닫고 비를 내리지 아니하거나 혹 메뚜기들에게 토산을 먹게 하거나 혹 전염병이 내 백성 가운데에 유행하게 할 때에 내 이름으로 일컫는 내 백성이 그들의 악한 길에서 떠나 스스로 낮추고 기도하여 내 얼굴을 찾으면 내가 하늘에서 듣고 그들의 죄를 사하고 그들의 땅을 고칠지라. 이제 이곳에서 하는 기도에 내가 눈을 들고 귀를 기울이리니 이는 내가 이미 이 성전을 택하고 거룩하게 하여 내 이름을 여기에 영원히 있게 하였음이라. 내 눈과 내 마음이 항상 여기에 있으리라"(대하 7:12-16).

하나님은 진실한 기도에 응답해서 구원을 베푸시는 그분의 능력에 아무런 제한을 두지 않으셨다. 어떤 절망적인 상황도, 어떤 어려움이 쌓여 있더라도, 아무리 장소나 환경이 절망적이더라도 진정으로 기도하는 것을 방해할 수 없다. 기도의 여러 가지 가능성은 하나님의 무한하신 성실성과 전능하신 능력과 곧바로 연결되어 있다. 하나님은 너무 어려워서 하지 못하실 일이 전혀 없으시다. 만약 우리가 구하기만 한다면 그대로 받을 것이라고 하나님이 명확하게 약속하셨다. 하나님은 믿음과 기도로 이루어지는 어떤 것도 가로막지 않으신다.

그것은 내 모든 생각을 뛰어넘는다.
그러나 우리 주님은 신실하시니
불신앙을 통해서도 나는 흔들리지 않는다.
이는 하나님이 그렇게 말씀하셨기 때문이다.

그 약속은 믿음, 강력한 믿음을 바라본다.
그리고 오직 그것만을 바라본다.
내심 불가능한 것들을 비웃으면서
"그건 반드시 이루어질 것이다!"라고 소리친다.

하나님 말씀에 나오는 수많은 진술은 기도의 여러 가지 가능성과 폭넓게 영향을 미치는 기도의 성격을 충분히 밝혀준다. 이 얼마나 억누르기 어려운 충만한 상태란 말인가!

"환난 날에 나를 부르라. 내가 너를 건지리니 네가 나를 영화롭게 하리로다"(시 50:15).

다시 한번 우리를 격려하는 다음과 같은 말씀을 읽어보라.

"그가 내게 간구하리니 내가 그에게 응답하리라. 그들이 환난 당할 때에 내가 그와 함께하여 그를 건지고 영화롭게 하리라"(시 91:15).

환난의 범위와 영역이 얼마나 다양하단 말인가! 환난의 정도가 얼마나 무한하단 말인가! 환난의 상황은 얼마나 널리 퍼져 있고 무시무시하단 말인가! 환난의 물결이 얼마나 절망적으로 다가온단 말인가! 그러나 기도의 범위와 영역도 환난만큼이나 거대하고 슬픔만큼이나 널리 보편적이며 비통함만큼이나 무한하다. 그런데 기도는 다가오는 이 모든 악으로부터 우리를 구해낼 수 있다. 기도가 닦아주지 못하거나 말리지 못할 눈물은 없다. 기도가 구해내고 끌어올릴 수 없는 영적 침체란 없다. 기도가 쫓아버리지 못하는 절망이란 없다.

"너는 내게 부르짖으라. 내가 네게 응답하겠고 네가 알지 못하는 크고 은밀한 일을 네게 보이리라"(렘 33:3).

이런 하나님 말씀이 얼마나 넓고 얼마나 우리의 믿음을 북돋아 주는가! 그 말씀은 진정으로 성도의 믿음을 도전한다. 기도는 항상 하나님이 우리를 구원하도록 축복과 도움을 주며, 그분의 능력에 대해 놀랍고 기적적인 계시를 초래한다. 어떤 불가능한 일이 하나님께 있단 말인가! 그분은 아무것도 "능히 하지 못할 일이 없느니라"(막 9:23)고 선포하신다. 그러니까 하나님의 모든 가능성은 곧 기도의 가능성이다.

이스라엘을 사사들이 통치하던 시대에 사무엘은 기도의 가능성과 필요성을 충분히 잘 설명해준다. 사무엘은 기도가 의미하는 바를 제대로 알았던 어머니의 커다란 믿음과 기도로 말미암아 많은 유익을 얻었다. 사무엘의 어머니 한나는 아이를 낳지 못했지만 신앙심이 매우 깊은 여인이었다. 그러나 아이를 낳지 못한다는 허물은 늘 한나에게 염려와 비통함의 원인이 되었다. 그리하여 한나는 위로를 얻기 위해 하나님을 찾았으며, 하나님 앞에서 자기 영혼이 얼마나 괴로움을 겪고 있는지 한껏 쏟아놓았다. 한나는 하나님 앞에서 계속 기도했으며, 사실상 자기 기도를 더욱 풍성하게 만들어 깊이 빠져든 나머지 나이 많은 제사장 엘리의 눈에 마치 술에 취해 거의 제정신

이 아닌 것처럼 보일 만큼 간구에 열중했다. 한나는 매우 구체적으로 기도했다. 곧 아이를 달라는 것이었다. 그것도 사내아이를 달라고 기도했다.

그리고 하나님은 거기에 구체적으로 응답하셨다. 하나님은 한나에게 사내아이를 주셨으며, 실제로 이 아이는 나중에 멋진 선지자로 성장했다. 이 아이는 기도의 산물이었으며 기도의 사람으로 자랐다. 이 아이는 강력한 중보자로 성장하였으며, 특히 이스라엘 역사상 가장 어지러운 비상시국에 더욱 빛을 발했다. 사무엘의 삶과 성품을 특징적으로 보여주는 말씀은 "사무엘이 젖 먹는 어린 양 하나를 가져다가 온전한 번제를 여호와께 드리고 이스라엘을 위하여 여호와께 부르짖으매 여호와께서 응답하셨더라"(삼상 7:9)는 진술이다. 그와 같은 승리가 완성되었으며 에벤에셀은 기도의 가능성과 필요성을 명확히 보여주는 기념비였다.

또한 다른 시기에 사무엘이 하나님께 부르짖자 곡식을 거두는 시기에 어울리지 않게 천둥과 비가 내렸다. 여기에 이처럼 강력한 중보자에 관한 몇몇 진술이 있는데, 사무엘은 기도하는 법을 잘 알고 있었으며, 사무엘이 기도할 때마다 하나님은 항상 존중해주셨다.

"사무엘이 근심하여 온 밤을 여호와께 부르짖으니라"
(삼상 15:11).

또 다른 때에 하나님의 백성들에게 이야기하면서 사무엘은 이렇게 권면했다.

"여호와께서는 너희를 자기 백성으로 삼으신 것을 기뻐하셨으므로 여호와께서는 그의 크신 이름을 위해서라도 자기 백성을 버리지 아니하실 것이요 나는 너희를 위하여 기도하기를 쉬는 죄를 여호와 앞에 결단코 범하지 아니하고 선하고 의로운 길을 너희에게 가르칠 것인즉 너희는 여호와께서 너희를 위하여 행하신 그 큰일을 생각하여 오직 그를 경외하며 너희의 마음을 다하여 진실히 섬기라"(삼상 12:22-24).

이런 놀라운 상황들은 이처럼 주목할 만한 이스라엘의 통치자가 기도를 얼마나 습관으로 만들었는지, 이것이 얼마나 사무엘 시대의 두드러진 점인지를 잘 보여준다. 기도는 사무엘에게 전혀 이상한 훈련이 아니었다. 사무엘은 기도에 너무나 익숙해 있었다. 사무엘에게는 기도하는 습관이 있었고 하나님께로 나아가는 길을 알고 있었으며 하나님께 응답받았다. 사무엘 자신과 사무엘의 기도를 통해 하나님의 명분은 침울하게 가라앉은 상황에서 벗어날 수 있었으며, 다윗이 그 열매 가운데 하나였던 국가적인 부흥을 시작할 수 있도록 하였다. 사무엘은 구약시대에 기도로 하나님께 커다란 영향을 미친 사람 가운데 한 명이다. 하나님은 사무엘이 구하는 것은 무엇이든지 거부하지 않고 내려주셨다. 사무엘의 기도는 항상 하나님께 영향을 끼쳤으며 사무엘은 기도로 성취할 수 있는 것이 무엇인지를 잘 보여주었다.

야곱 또한 기도를 다스리고 지배하는 능력에 관해 우리에게 좋은 사례를 제시한다. 하나님은 맞상대로 야곱에게 나타나셨다. 하나님은 야곱과 맞붙어 싸우셨으며, 마치 야곱이 막다른 골목에서 원수를 만난 것처럼 야곱을 뒤흔드셨다. 속여서 장자의 권리를 빼앗은 자, 약삭빠르고 파렴치한 장사꾼이었던 야곱은 하나님을 알아보는 눈이 전혀 없었다. 야곱의 비뚤어진 삶의 원리, 그리고 계획적이며 도를 넘어서는 그릇된 행위는 야곱의 시야를 가렸다.

그러나 하나님을 알고 하나님께 다다르고 하나님을 이기기 위해서는 이와 같은 중요한 시간이 필요했다. 야곱은 혼자였으며, 밤새도록 맹렬한 싸움, 그에 따라 시시각각으로 계속 변하는 쟁점, 변화무쌍한 운명뿐만 아니라 그 싸움에서 진퇴를 거듭하는 치열한 전선을 제대로 보게 되었다. 여기에서는 연약함이 오히려 강함으로 변화되었으며 자신에 대한 절망이 능력으로 바뀌었으며 인내와 끈기가 커다란 에너지로 변했으며 낮아짐이 높아짐으로 바뀌었으며 순복이 승리로 탈바꿈하였다. 야곱의 구원은 그와 같이 밤새도록 지속된 싸움에 모든 것을 쏟아부은 덕분에 찾아왔다.

에서의 가슴에 가득히 불타오르는 증오가 사라지고 그것이 부드러운 사랑으로 바뀌게 될 때까지 야곱은 기도하고 울며 끈덕지게 하나님을 붙잡고 늘어졌다. 그런데 에서보다는 야곱에게 더 커다란 기적이 일어났다. 이처럼 밤새도록 기도함으로써 야곱의 이름, 성품, 운명이 완전히 뒤바뀌게 되었다. 여기에 그날 밤의 기도 싸움으로 나타난 결과에 대한 기록이 있다.

"그가 이르되 네 이름을 다시는 야곱이라 부를 것이 아니요 이스라엘이라 부를 것이니 이는 네가 하나님과 및 사람들과 겨루어 이겼음이니라"(창 32:28).

"그러므로 야곱이 그곳 이름을 브니엘이라 하였으니 그가 이르기를 내가 하나님과 대면하여 보았으나 내 생명이 보전되었다 함이더라"(창 32:30).

얼마나 많은 대적에게 이처럼 끈질긴 기도가 필요하단 말인가! 얼마나 강력한 결과가 기도하는 가운데 밤새도록 지속된 싸움을 통해 얻어진단 말인가! 하나님은 그와 같은 끈질긴 기도에 영향을 받아 태도를 바꾸셨으며, 두 사람 야곱과 에서는 성품과 운명이 완전히 바뀌었다. 강력한 기도의 가능성이 하나님을 움직인 것이다.

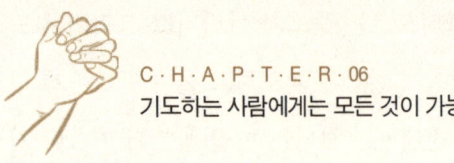

CHAPTER 06
기도하는 사람에게는 모든 것이 가능하다

●
●
●

기도의 여러 가지 가능성은 이 세상의 일시적인 문제들에서 다양한 결과로 나타난다. 그것이 몸에 관한 것이든 마음에 관한 것이든 영혼에 관한 것이든 간에 기도는 인간과 관련한 모든 것에 두루 영향을 미친다. 기도는 우리 삶에서 가장 작은 일까지도 기꺼이 받아들여 그 대상으로 삼는다. 기도는 우리 몸에 필요한 것들, 양식, 의복, 사업, 재정, 사실상 이생에 속한 모든 것뿐만 아니라 우리 영혼의 영원한 관심사와 관련된 모든 것 역시 포함한다. 기도로 성취하는 것에는 이 땅의 거대한 것뿐만 아니라 더욱 특별하게 우리 삶에서 아주 작은 것이라 부를 만한 것도 포함된다. 거기에는 사람과 관련해서 언급할 만한 거대한 일뿐만 아니라 아주 작은 일도 포함된다.

이 세상의 일시적인 문제들이 영적인 것들보다 더 낮은 순서에 있기는 하지만, 언제나 우리의 커다란 관심을 받는다. 아무리 이 세상의 일시적인 관심사라도 우리 삶에서 커다란 부분을 차지한다. 그것들은 항상 우리에게 염려와 근심을 일으키는 주요 원천이 된다. 그것들은 우리 신앙과 아주 깊은 관련을 맺고 있다. 또한 우리에게는 결핍, 고통, 무능, 한계를 나타내는 육체가 있다. 우리의 육체와 관련된 것은 반드시 우리 생각을 끌어들이게 된다. 바로 이와 같은 것이 기도해야 할 주제들이다. 그러므로 기도는 그 모든 것을 기꺼이 받아들이게 되며, 이처럼 우리 존재의 영역에서 기도로 성취할 수 있는 것은 무수히 많다.

이 세상의 일시적인 문제들은 우리의 건강과 행복에 상당히 깊은 영향을 끼친다. 그것들은 우리의 관계를 형성한다. 우리의 정직함을 시험하며 정의와 의로움의 영역에 속하기도 한다. 이 세상의 일시적인 문제들에 대해 기도하지 않는 것은 우리 존재의 가장 커다란 영역 밖에다 하나님을 내버려 두는 것이다. 빌립보서 4장에서 사도 바울이 우리에게 요구하는 것처럼 범사에 기도하지 않는 사람은 어떤 의미에서 진정한 기도의 본질과 가치를 결단코 배우지 못한 사람이다.

일과시간을 기도 밖에다 내버려 두는 것은 기도 밖으로 신앙과 영원을 내다 버리는 것이다. 이 세상의 일시적인 문제들에 대해 기도하지 않는 사람은 영적인 문제들에 대해 확신하고 기도할 수 없다. 기도를 통해 일용할 양식을 위하여 싸우면서 수고하는 가운데 하나님을 중심에 두지 않는 사람은 하늘을 위해 싸우는 싸움에서도 절대로 하나님을 중심에 두지 않을 것이다. 기도를 통해 육신의 필요를 채우고 공급받지 않는 사람은 결단코 자기 영혼의 필요를 채우고 공급하지 않을 것이다. 육신과 영혼은 둘 다 하나님께 의존하며 기도는 단지 그와 같은 사실을 겉으로 드러내어 울부짖으며 표현하는 것에 지나지 않는다.

사실상 구약성경은 단지 거룩한 기도의 약속을 통해 그분의 백성을 다루시는 하나님에 관한 기록에 지나지 않는다. 아브라함은 소돔이 멸망하지 않고 구원받을 수 있도록 기도하였다. 아브라함의 종은 이삭의 아내를 선택하는 일에서 하나님의 인도하심을 위해 기도하고 곧바로 인도하심을 받았다. 한나도 하나님께 간절히 기도하여 사무엘을 응답으로 받았다. 엘리야도 하나님께 기도했으나 3년 동안이나 전혀 비가 내리지 않았다. 그래서 다시 간절히 기도하자 먹구름이 몰려와 비가 내리기 시작하였다. 히스기야도 기도함으로써 죽을 수밖에 없는 치명적인 질병에서 구원받게 되었다. 야곱의 기도는 에서의 복수로부터 자신을 구했다. 이처럼 구약성경은 영적인 축복뿐만 아니라 일시적인 축복을 구한 기도의 역사이다.

신약성경에서 우리는 그와 같은 원리가 구체적으로 설명되고 강화되는 것을 목격하게 된다. 하나님 말씀 가운데 이와 같은 단락은 일시적이든 영적이든 간에 모든 영역의 유익한 것을 다 포괄하고 있다. 예수님의 우주적인 기도, 곧 인류를 위한 기도, 모든 나라와 모든 시대와 모든 상황을 위한 기도에서 우리 주님은 "오늘날 우리에게 일용할 양식을 주옵소서"라는 탄원을 잊지 않으셨다. 이것은 이 세상에서 꼭 필요한 모든 유익한 것을 다 포괄한다는 의미이다.

우리 주님은 산상수훈에서도 먹을 것과 입을 것에 대해 말씀하시느라 전체 단락을 할애하셨다. 여기서 주님은 이런 것들에 대해 지나치게 염려하거나 걱정하지 않도록 주의를 환기하는 동시에, 이처럼 육체적으로 필요한 모든 필수품을 그대로 인정하면서 그분에게 요청하는 믿음을 격려하고 계신다. 그런데 이와 같은 가르침은 기도에 관한 그분의 가르침과 밀접한 관련을 맺고 있다. 먹을 것과 입을 것이 기도의 주제라고 가르치고 있다. 그러므로 그것이 위대하신 하나님께 아주 보잘것없다거나 기도와 같은 매우 영적인 훈련에 비해 너무 물질적이고 세상적이라는 암시는 단 한순간도 나타나지 않는다.

수로보니게 여인은 자기 딸의 건강을 위해 기도하였다(막 7장). 베드로는 도르가의 생명이 돌아오도록 기도하였다(행 9장). 바울은 로마로 가는 길에 보블리오의 부친을 위해 기도했는데, 이때 배가 난파하여 멜리데라는 섬에 내던져지지만, 하나님은 열병과 이질을 앓던 보블리오의 부친을 고쳐주셨다(행 28장). 또한 바울은 로마에 있는 그리스도인들에게 자신이 나쁜 사람들에게서 벗어날 수 있도록 자신과 함께 기도에 힘써 달라고 촉구하기도 했다.

사도 베드로가 헤롯으로 말미암아 감옥에 갇혔을 때 교회는 곧바로 베드로가 감옥에서 풀려날 수 있도록, 그리하여 하나님이 이러한 초대 그리스도인들의 기도를 영화롭게 하시도록 기도하였다. 사도 요한은 가이오에게 "사랑하는 자여 네 영혼이 잘됨같이 네가 범사에 잘되고 강건하기를 내가 간구하노라"(요삼 1:2)고 기도하였다. 사도 야고보도 야고보서에서 이렇게 권면했다.

"너희 중에 고난 당하는 자가 있느냐. 그는 기도할 것이요 즐거워하는 자가 있느냐. 그는 찬송할지니라. 너희 중에 병든 자가 있느냐. 그는 교회의 장로들을 청할 것이요 그들은 주의 이름으로 기름을 바르며 그를 위하여 기도할지니라. 믿음의 기도는 병든 자를 구원하리니 주께서 그를 일으키시리라. 혹시 죄를 범하였을지라도 사하심을 받으리라"(약 5:13-15).

또한 사도 바울은 빌립보서에서 이렇게 강조했다.

"아무것도 염려하지 말고 다만 모든 일에 기도와 간구로, 너희 구할 것을 감사함으로 하나님께 아뢰라. 그리하면 모든 지각에 뛰어난 하나님의 평강이 그리스도 예수 안에서 너희 마음과 생각을 지키시리라"(빌 4:6-7).

이것은 온갖 종류의 염려, 곧 일과 관련한 염려, 가정과 관련한 염려, 신체와 관련한 염려, 영혼과 관련한 염려 등을 모두 포함한다. 모든 염려는 기도를 통해 하나님께로 가져가야 하며, 하나님의 보좌 앞에서 우리 마음과 영혼은 우리에게 영향을 미치거나 염려나 불편을 일으키는 모든 짐을 내려놓아야 한다.

사도 바울의 이러한 말은 특별히 그가 이 세상의 일시적인 문제에 대해 언급한 것과 밀접한 관계가 있다.

"내가 주 안에서 크게 기뻐함은 너희가 나를 생각하던 것이 이제 다시 싹이 남이니 너희가 또한 이를 위하여 생각은 하였으나 기회가 없었느니라. 내가 궁핍하므로 말하는 것이 아니니라. 어떠한 형편에든지 나는 자족하기를 배웠노니 나는 비천에 처할 줄도 알고 풍부에 처할 줄도 알아 모든 일 곧 배부름과 배고픔과 풍부와 궁핍에도 처할 줄 아는 일체의 비결을 배웠노라. 내게 능력 주시는 자 안에서 내가 모든 것을 할 수 있느니라"(빌 4:10-13).

그리고 바울은 이러한 그리스도인들에게 영적인 부족함뿐만 아니라 모든 일시적인 필요를 아우르는 다음과 같은 말로 서신을 끝맺는다.

"나의 하나님이 그리스도 예수 안에서 영광 가운데 그 풍성한 대로 너희 모든 쓸 것을 채우시리라"(빌 4:19).

기도가 육신의 일뿐만 아니라 영적인 일과 관련된 모든 일을 두루 아우른다는 가르침을 믿지 않는 것은 이 세상의 일에 대해 지나친 걱정을 낳게 하며 필요하지 않은 염려를 일으키며 매우 불행한 마음이 들게 만든다. 만약 우리가 그러한 염려를 덜어주는 수단이 기도라고 믿는다면 얼마나 많은 불필요한 염려로부터 자신을 구해 낼 수 있겠는가! 또한 '우리를 돌보아주시는' 하나님에게 우리의 모든 염려를 내던져버리는 행복한 기술을 배울 수 있었겠는가! 우리의 행복과 안락함에 영향을 미치는 가장 작은 일에 대해서조차도 지극한 관심을 기울이시는 분인 하나님을 제대로 믿지 않는 것은 이스라엘의 거룩한 자를 제한할 뿐만 아니라 우리 삶에서 참된 행복과 달콤한 만족이 사라지게 만드는 것이다.

우리는 어떤 아버지가 정신 나간 자기 아들에게서 귀신을 쫓아내 달라고 데려왔을 때 제자들이 실패한 사건을 알고 있다. 그때 예수님은 변화산 위에 계시면서 믿음과 기도와 금식의 연합된 힘에 관하여, 그리고 어떤 경우에 그와 같은 가능성과 의무를 제대로 완수하지 못하는 이유에 관하여 암시하는 교훈을 말씀해주셨다. 제자들은 그 아이의 몸에서 귀신을 쫓아냈어야 했다. 제자들은 바로 그 일을 하라고 보냄을 받았으며, 그 일을 능숙하게 해내도록 주님이 능력을 불어넣어 주셨다.

그러나 제자들은 처참할 정도로 자기 임무를 완수해내지 못했다. 예수님은 제대로 귀신을 쫓아내지 못했다는 이유로 제자들을 신랄하게 꾸짖으셨다. 제자들은 특별히 바로 이 사명을 띠고 보냄을 받았기 때문이다. 우리 주님은 제자들을 보내시면서 이 한 가지를 콕 집어서 매우 구체적으로 말씀하셨다. 제자들의 실패는 자신들에게 수치심과 혼란을 가져왔으며, 자신들의 주님이자 스승이신 예수님의 명분을 크게 훼손하는 결과를 초래하였다. 제자들의 주님에 대한 평판은 나빠지게 되었으며, 자기들이 대표하던 명분에 관해 매우 심각하게 숙고하게 되었다. 제자들이 귀신을 쫓아내지 못한 것은 심각한 실패였는데, 이는 기도와 금식으로 단련되지 못했기 때문이었다. 기도하지 않은 것은 믿음의 능력을 깨어지게 했으며, 그러한 실패는 제자들이 강력한 권위 있는 믿음의 능력을 소유하지 못했기 때문에 찾아왔다.

다음과 같은 약속을 읽어보라. 그 약속은 우리가 아무리 언급해도 지나치지 않는다. 왜냐하면 그것은 우리가 기도할 때 서 있어야 할 우리 믿음의 기초이자 토대이기 때문이다.

"너희가 기도할 때에 무엇이든지 믿고 구하는 것은 다 받으리라 하시니라"(마 21:22).

어떤 도표에다가 '무엇이든지 모든 것을' 일목요연하게 정리하여 다 모아놓을 수 있단 말인가? 기도와 믿음의 여러 가지 가능성은 끊임없이 기다란 고리로 계속 이어질 것이며, 이루 다 측량할 수 없는 영역을 온통 뒤덮을 것이다.

히브리서 11장에서 믿음의 여러 가지 본보기를 구체적으로 설명하면서 믿음의 놀라운 업적을 열심히 나열하느라 지칠 지경이었던 성경 기자는 잠시 숨을 멈춘 다음, 이렇게 부르짖으면서 구약시대의 성도들이 보여준 본보기로서 기도와 믿음에 관해 이전에는 거의 들어보지 못한 업적을 우리에게 제시한다.

"내가 무슨 말을 더 하리요. 기드온, 바락, 삼손, 입다, 다윗 및 사무엘과 선지자들의 일을 말하려면 내게 시간이 부족하리로다. 그들은 믿음으로 나라들을 이기기도 하며 의를 행하기도 하며 약속을 받기도 하며 사자들의 입을 막기도 하며 불의 세력을 멸하기도 하며 칼날을 피하기도 하며 연약한 가운데서 강하게 되기도 하며 전쟁에 용감하게 되어 이방 사람들의 진을 물리치기도 하며 여자들은 자기의 죽은 자들을 부활로 받아들이기도 하며 또 어떤 이들은 더 좋은 부활을 얻고자 하여 심한 고문을 받되 구차히 풀려나기를 원하지 아니하였으며 또 어떤 이들은 조롱과 채찍질뿐 아니라 결박과 옥에 갇히는 시련도 받았으며 돌로 치는 것과 톱으로 켜는 것과 시험과 칼로 죽임을 당하고 양과 염소의 가죽을 입고 유리하여 궁핍과 환난과 학대를 받았으니"(히 11:32-37).

이 얼마나 놀랍고 적나라한 기록이란 말인가! 이 얼마나 엄청난 성취란 말인가! 군대를 통해서나 인간의 초인적인 힘으로나 마술로 이루어진 것이 아니라 모든 것이 오직 믿음과 기도로 주목받는 사람들로 말미암아 성취되었다. 믿음의 무한한 영역에 대한 이러한 기록과 기도에 대한 놀라운 기록이 나란히 등장하고 있다. 왜냐하면 그것들은 모두 하나이기 때문이다. 기도가 승리를 위한 무기로 사용되지 않는 곳에서는, 기도가 면류관을 장식하는 보석이 되지 못하는 곳에서는 믿음이 결코 어떤 승리나 면류관도 얻지 못해 왔다. 그러나 만약 "믿는 자에게는 능히 하지 못할 일이 없느니라"(막 9:23)고 한다면 기도하는 사람에게는 모든 것이 가능하다.

그분을 의지하라. 그러면 당신은 실패하지 않으리.
모든 필요와 소원을 그분께 아뢰어라.
두려워하지 말고 그분의 공로를 널리 알려야 한다.
오직 믿음으로 구하라. 그러면 그대로 이루어지리라.

> 하나님은 진실한 기도에 응답해서
> 구원을 베푸시는 그분의 능력에
> 아무런 제한을 두지 않으셨다.
> 기도의 여러 가지 가능성은
> 하나님의 무한하신 성실성과 전능하신 능력과
> 곧바로 연결되어 있다.

"아무것도 염려하지 말고 다만 모든 일에 기도와 간구로
너희 구할 것을 감사함으로 하나님께 아뢰라" (빌 4:6).

P·a·r·t·03

기도에 나타나는
영적 능력을 믿으라

C·H·A·P·T·E·R·07
강력한 믿음은 강력한 기도를 창출한다

우리의 기도에 나타나는 능력은 무슨 일이든 행하시는 하나님의 능력을 신뢰하는 믿음으로 가늠할 수 있다. 믿음은 하나님이 일하시는 단 하나의 최고 조건이다. 믿음은 우리가 기도하게 만드는 유일한 최상의 조건이다. 믿음은 최대한으로 하나님께 나아가게 만든다. 믿음은 기도의 능력을 가늠한다. 연약한 믿음은 항상 연약한 기도를 낳고 강력한 믿음은 강력한 기도를 창출한다. 어떤 비유를 마무리하면서 "예수께서 그들에게 항상 기도하고 낙심하지 말아야 할 것을 비유로 말씀"(눅 18:1)하셨는데, 거기서 우리 주님은 기도의 필요성을 강조하는 과정에서 이와 같은 날카로운 질문을 던지셨다.

"그러나 인자가 올 때에 세상에서 믿음을 보겠느냐"(눅 18:8).

처음에는 제자들에게 자기 아들을 데려왔으나 고칠 수 없었으며, 그다음에 우리 주 예수 그리스도에게로 정신 나간 아이를 데려온 아버지는 점차 식어가는 믿음과 엄청난 슬픔에 따른 온갖 억누르기 힘든 마음으로 이렇게 소리 높여 부르짖었다.

"귀신이 그를 죽이려고 불과 물에 자주 던졌나이다. 그러나 무엇을 하실 수 있거든 우리를 불쌍히 여기사 도와주옵소서"(막 9:22).

그 아들이 치유받기를 간절히 원하는 아버지의 마음은 인간의 몸을 고칠 수 있는 그리스도의 능력에 대한 믿음을 작동시켰다. 그렇게 할 수 있는 능력이 그리스도 안에 본질로 자리 잡고 있었지만, 그 일을 행함으로써 비로소 믿음의 능력을 작동시키게 된 것이다. 그로 인한 커다란 믿음은 그리스도께서 커다란 일을 행하실 수 있게 하였다.

하나님의 능력을 제한하고 그분이 전혀 행동할 수 없게 만드는 유일한 상황은 우리의 불신앙이다. 하나님은 스스로 행위에 제한받지 않으시며 사람들을 제한하는 상황으로 말미암아 제한받지도 않으신다. 시간, 공간, 근접성, 능력, 그리고 우리가 열거할 수 있는 다른 모든 것과 관련된 상황, 아무리 사람의 행위를 한정하는 조건이라도 하나님께서는 아무런 상관이 없다. 만약 우리가 하나님을 바라보면서 진정한 기도로 그분께 부르짖는다면 그 상태가 아무리 험난하다 할지라도 그 상황이 아무리 최악이라 할지라도 하나님은 기꺼이 우리 기도를 들으시고 거기에서 우리를 구원해주실 것이다.

하나님의 백성이 그분의 능력 안에서 무엇인가를 행하도록 친히 가르쳐야 한다는 게 얼마나 낯설게 느껴진단 말인가! 하나님은 아브라함과 사라에게 이삭이 태어날 것이라고 약속하셨다. 아브라함은 그 당시에 거의 백 살이었으며, 사라는 선천적인 결함 때문에 아이를 낳지 못하는 상태여서 여자로서 안타까운 세월을 살아왔다. 사라는 그 나이에 아이를 갖는다는 게 너무나도 터무니없다는 생각에 웃음을 터뜨렸다.

"여호와께서 아브라함에게 이르시되 사라가 왜 웃으며 이르기를 내가 늙었거늘 어떻게 아들을 낳으리요 하느냐. 여호와께 능하지 못한 일이 있겠느냐. 기한이 이를 때에 내가 네게로 돌아오리니 사라에게 아들이 있으리라"(창 18:13-14).

그런데 하나님은 이처럼 나이 많은 사람들에게 그분의 약속을 문자 그대로 고스란히 성취하셨다.

모세는 이스라엘 백성을 이집트 종살이에서 해방시키려는 하나님의 목적을 수행하는 일에 주저하는 태도를 보였다. 왜냐하면 말이 어눌하다고 생각했기 때문이다. 하나님은 다음과 같은 질문으로 곧장 모세를 점검하셨다.

"모세가 여호와께 아뢰되 오 주여 나는 본래 말을 잘하지 못하는 자니이다. 주께서 주의 종에게 명령하신 후에도 역시 그러하니 나는 입이 뻣뻣하고 혀가 둔한 자니이다. 여호와께서 그에게 이르시되 누가 사람의 입을 지었느냐. 누가 말 못 하는 자나 못 듣는 자나 눈 밝은 자나 맹인이 되게 하였느냐. 나 여호와가 아니냐. 이제 가라. 내가 네 입과 함께 있어서 할 말을 가르치리라"(출 4:10-12).

또한 하나님이 이스라엘 백성들에게 언제나 입에 한가득 고기를 먹을 수 있도록 공급하겠다고 말씀하셨을 때 모세는 과연 그렇게 하실 수 있는지 그분의 능력에 의문을 제기하였다. 그러자 하나님은 모세에게 이렇게 말씀하셨다.

"여호와의 손이 짧으냐. 네가 이제 내 말이 네게 응하는 여부를 보리라"(민 11:23).

하나님께는 너무 어려워서 못 할 일이란 없다. 사도 바울이 선포하는 것처럼 하나님은 "우리 가운데서 역사하시는 능력대로 우리가 구하거나 생각하는 모든 것에 더 넘치도록 능히 하실 이"(엡 3:20)시다. 기도는 하나님과 관련 있으며, 우리 가운데서 역사하시는 그분의 능력과 관련 있다. 기도의 능력은 우리 가운데서 역사하시는 하나님의 능력을 헤아리는 척도이다.

'모든 것' '무엇이든지 모든 것' '어떤 것이든'은 하나님의 능력으로 감당할 수 있는 모든 것이다. '무엇이든지 원하는 대로 구하라'는 말씀은 매우 절박한 탄원이다. 왜냐하면 하나님은 내 소원으로 갈망할 수 있는, 그분이 약속하신 어떤 것이든 모든 것을 행하실 수 있기 때문이다. 우리 가운데서 역사하시는 하나님의 능력 안에서 하나님은 인간의 능력으로 구할 수 있는 모든 것에 더 넘치도록 능히 행하실 분이다. 인간의 생각, 인간의 말, 인간의 상상력, 인간의 욕구, 인간의 필요 등은 어떤 식으로든 우리 가운데서 역사하시는 하나님의 능력을 충분히 다 헤아릴 수 없다.

여러 가지 합당한 가능성을 지닌 기도는 하나님께로 나아간다. 기도는 하나님의 약속을 믿는 믿음뿐만 아니라 그분을 믿는 믿음과 우리 가운데서 역사하시는 하나님의 능력을 신뢰하는 믿음과 더불어 나아간다. 기도는 단지 약속을 따라가기만 하는 게 아니라 약속을 얻기도 하고 약속을 만들어 가기도 한다.

하나님은 엘리야에게 비를 내리겠다는 약속은 하셨지만 불을 내리겠다는 약속은 하지 않으셨다. 그러나 믿음과 기도로 비뿐만 아니라 불도 받았다. 하나님이 왕의 꿈에 대해 분명히 알려주겠다는 어떤 구체적인 약속은 없었지만 다니엘과 친구들은 더욱 합심하여 기도했다. 그러자 하나님은 다니엘에게 왕의 꿈과 그 해석에 관하여 계시하셨으며, 그 결과 다니엘과 친구들은 목숨을 구하게 되었다. 또한 하나님은 히스기야왕에게 생명을 위협하는 질병을 치유해 주겠다는 약속은 하지 않으셨다. 오히려 그와는 반대로 선지자를 통해 히스기야가 죽을 것이라는 말씀을 전하셨다. 그러자 히스기야는 믿음으로 전능하신 하나님의 선포와는 다르게 간구하였으며, 그리하여 하나님 말씀과는 반대의 결과를 얻는 데 성공해서 결국에는 살게 되었다.

하나님은 선지자의 입을 통해 이렇게 말씀하시면서 기적 같은 놀라운 일을 행하신다.

"이스라엘의 거룩하신 이 곧 이스라엘을 지으신 여호와께서 이같이 이르시되 너희가 장래 일을 내게 물으며 또 내 아들들과 내 손으로 한 일에 관하여 내게 명령하려느냐 내가 땅을 만들고 그 위에 사람을 창조하였으며 내가 내 손으로 하늘을 펴고 하늘의 모든 군대에게 명령하였노라 내가 공의로 그를 일으킨지라 그의 모든 길을 곧게 하리니 그가 나의 성읍을 건축할 것이며 사로잡힌 내 백성을 값이나 갚음이 없이 놓으리라. 만군의 여호와의 말이니라 하셨느니라"(사 45:11-13).

하나님이 기도하는 백성의 손에 자신을 내맡긴다는 이와 같은 강력한 약속에서 하나님은 자신의 위대한 창조적인 능력에 호소하고 계신다. "내가 땅을 만들고 그 위에 사람을 창조하였으며 내가 내 손으로 하늘을 펴고 하늘의 모든 군대에게 명령하였노라."

여전히 인간과 세상을 만들고 계시며, 지금도 끊임없이 만물을 붙잡고 계신 하나님의 위엄과 능력은 하나님을 믿는 우리 믿음의 기초로서, 기도에 대한 확신과 절박한 촉구로서 우리 앞에 언제나 존재한다. 그래서 하나님은 자신이 행하신 일에서 주의를 돌려 우리 마음이 개인적으로 그분에게로 나아가게 하신다. 하나님은 지금 자신도 절대로 되풀이하지 않는 '새로운 일'을 행하실 것이라고, 지금까지 행하신 모든 일이 그분의 행하심이나 행하시는 방식을 전혀 제한하지 않을 것이라고 선포하신다.

"너희는 이전 일을 기억하지 말며 옛날 일을 생각하지 말라"(사 43:18).

또한 만약 우리에게 기도와 믿음이 있다면 하나님은 그에 따라 우리 기도에 응답하시며 그에 따라 우리를 위해 일하실 것이라고, 이전에 행하셨던 일은 기억하거나 마음에 두지도 않을 것이라고 선포하고 계신다. 만약 사람이 마땅히 기도해야 하는 대로 기도하겠다고 했다면 과거의 경이로운 일들이 훨씬 더 놀랍게 다시 연출되었을 것이다. 복음이 이전에는 결코 알려지지 않았던 능력으로 전진하게 되었을 것이다. 각양 문이 복음에 활짝 열리게 되었을 것이며, 하나님 말씀은 혹시 그랬더라도 이전에는 거의 알려지지 않은 추진력을 갖게 되었을 것이다.

만약 우리가 예수 그리스도에게 마땅한 만큼 강력하고 당당한 믿음을 가지고 간절함과 진실함으로 기도했다면 곳곳의 사람들, 곧 하나님을 부르는 사람들, 하나님이 능력을 불어넣으시는 사람들은 모두 전 세계로 나가 복음을 전하는 뜨거운 열정으로 불타올랐을 것이다. 주님의 말씀은 지금까지 전혀 알려지지 않았던 모습으로 왕성하게 퍼져나가 영광을 받았을 것이다. 하나님이 영향을 끼쳤던 사람들, 하나님이 영감을 불어넣었던 사람들, 하나님이 사명을 주셨던 사람들은 온 열방으로 두루 다니면서 곳곳에서 그리스도의 구원과 천국을 위해 거룩한 불길로 활활 타오르는 불꽃을 밝혔을 것이다. 그러면 머지않아 모든 사람이 구원의 기쁜 소식을 듣고서 예수 그리스도를 개인적인 구세주로 받아들이는 기회를 가졌을 것이다.

이제 기도와 믿음을 직접 도전하는 하나님 말씀에 관한 이처럼 거대하고 제한 없는 진술 가운데 또 다른 한 구절을 읽어보자.

"자기 아들을 아끼지 아니하시고 우리 모든 사람을 위하여 내주신 이가 어찌 그 아들과 함께 모든 것을 우리에게 주시지 아니하겠느냐"(롬 8:32).

우리는 여기에서 기도와 믿음에 관해 넓이와 깊이와 높이에서 무한하고 측량할 수 없는 놀라운 기초를 발견하게 된다. 우리에게 모든 것을 주시겠다는 약속은 우리를 구속하기 위해 하나님이 그분의 독생자를 값없이 주셨다는 사실을 우리에게 상기시킴으로써 더욱 확실하게 뒷받침된다. 자기 아들을 주시는 하나님이 그분을 믿고 기도하는 자에게 모든 것을 값없이 주실 것이라고 확실하게 보장한다.

영감받은 간구에 대한 이와 같은 거룩한 하나님의 진술이 우리에게 얼마나 커다란 확신을 준단 말인가! 여기에서 우리는 가장 커다란 간구에 대해 얼마나 거룩한 담대함을 갖게 된단 말인가! 어떤 시시하고 상투적인 말로도 우리의 가장 커다란 간구를 가로막아서는 안 된다. 크고 더 크고 가장 커다란 간구는 하나님의 은혜를 더욱 크게 만들고 거기에다 하나님의 영광을 더해준다. 낙심한 채로 올려드리는 연약한 간구는 간구하는 자를 허약하고 피폐하게 만들며 최상의 유익을 베푸시려는 하나님의 목적을 가로막고 하나님의 영광을 가리게 된다.

천국에서 하나님 아버지 우편에 앉아계신 예수 그리스도의 중보기도가 얼마나 경이롭게 장엄하며 왕같이 당당하단 말인가! 우리 주님의 중보기도가 주는 유익은 우리의 중보기도를 통해 우리에게로 흘러들어온다. 우리의 중보기도는 하나님 아버지 우편에 앉아계신 그리스도의 위대한 일에 담긴 영감과 거대함을 필연적으로 붙잡아야 한다. 예수 그리스도의 일과 그분의 삶은 기도하는 삶이었다. 이처럼 우리의 일과 삶도 기도하는 삶이 되어야 하며, 쉬지 말고 기도하는 은혜의 삶이 되어야 한다.

C·H·A·P·T·E·R·08
아무것도 염려하지 말고 오직 기도에 맡기라

우리의 기도에 나타나는 능력은 기도에 관한 여러 가지 사실과 역사로 말미암아 올바로 정립된다. 사실이란 쉽사리 바뀌지 않는다. 사실은 참된 것이다. 이론이란 단지 여러 가지 고찰에 따른 결론일 뿐이다. 각종 견해는 전적으로 잘못될 수 있다. 그러나 사실은 반드시 따르고 존중되어야 한다. 각양 사실은 무시될 수 없다. 그렇다면 각종 사실로 판단할 수 있는 여러 가지 기도의 가능성에는 무엇이 있는가? 기도의 역사란 무엇인가? 기도는 우리에게 무엇을 계시하는가? 기도에는 하나님 말씀에 기록된 역사와 하나님의 성도들이 겪은 체험과 인생을 통해 기록된 역사가 있다. 역사란 여러 사례를 통해 가르칠 수 있는 진실이다. 우리가 역사를 왜곡함으로써 진실을 놓칠 수도 있지만 그 진실은 역사적인 사실 안에 고스란히 담겨 있다.

> 하나님은 상수리나무 밑에서 아브라함에게 말씀하셨으며
> 하나님은 쟁기를 끌던 엘리사를 부르셨으며
> 하나님은 양 우리에서 다윗을 취하셨으니
> 지금이 바로 하나님이 은혜를 부어주시는
> 주님의 날이요 주님의 시간입니다.

하나님은 각종 사실을 통해 이와 같은 진리를 말씀하신다. 하나님은 신앙 역사에 관한 여러 가지 사실을 통해 자신을 계시하신다. 하나님은 성경 역사에 관한 여러 가지 사실과 사례를 통해 그분의 뜻을 우리에게 가르쳐주신다. 하나님의 사실, 하나님 말씀, 하나님의 역사는 모두 서로 완벽하게 조화를 이루며 이 모든 것에는 하나님에 관한 많은 것이 포함되어 있다. 하나님은 기도를 통해 세상을 통치하시며 지금도 여전히 그와 같이 거룩하게 준비된 수단을 통해 온 세상을 다스리고 계신다.

기도의 여러 가지 가능성은 모든 개인을 포괄할 뿐만 아니라 세상 모든 민족에까지 영향을 미친다. 모세의 기도는 이스라엘 백성을 향한 하나님의 진노, 그 백성을 멸망시키겠다고 선포하신 하나님의 목적, 그와 같은 신성한 목적을 실행하겠다는 의지와 히브리 민족이

여전히 생존해 있다는 사실 사이에 존재하는 중요한 사실이다. 그런데도 소돔은 구원받지 못했다. 왜냐하면 그 도시에서 단 10명의 의인도 찾을 수 없었기 때문이다. 그러나 소돔을 태워버린 불과 유황 폭풍으로부터 도망치면서도 롯은 기도했기에 소알이라는 작은 도시는 구원받았다. 니느웨는 왕과 백성이 그 악행을 회개하면서 기도와 금식에 전념했기에 구원받았다.

에베소서 3장에서 주목할 만한 기도를 보여주었던 바울은 기도의 무한한 가능성을 드높이면서 기도에 응답하시는 하나님의 능력에 영광을 올려드리고 있다. 이 기념비적인 기도, 그리하여 너무나 심오하고 능력을 나타내는 탄원을 마무리하면서 바울은 이렇게 선포하고 있다. 하나님은 "우리 가운데서 역사하시는 능력대로 우리가 구하거나 생각하는 모든 것에 더 넘치도록 능히 하실 이"(엡 3:20)시다.

하나님은 기도에 모든 것이 포함되게, 즉 크든 작든 간에 무엇이든지 모든 것을 포괄하게 하신다. 기도가 포괄하지 못하고 거룩하게 구별하지 못하는 시간이나 공간이란 전혀 없다. 하늘과 땅에 있는 모든 것, 시공간에 속한 것이나 영원한 모든 것, 이 모든 것은 기도에 기꺼이 포함된다. 어떤 것도 기도의 주제가 되기에 너무 작거나 너무 크지 않다. 기도는 우리 인생의 가장 작은 일에까지 영향을 미칠 뿐만 아니라 우리의 관심을 끄는 가장 커다란 일에도 영향을 끼친다.

만약 고난에 시달리거나
잘못한 일들로 말미암아 짓눌린다면
만약 온갖 염려로 어지럽거나
각종 두려움으로 낙담하고 있다면
만약 죄책감에 사로잡혀 있거나
죄악으로 괴로워하고 있다면
그 모든 경우에도 여전히 깨어서 기도하라.

지나친 염려를 떨쳐버릴 치유책으로 기도를 다루고 있는 바울의 권면에서 우리는 가장 중요하고, 가장 멀리까지 영향을 미치며, 평안을 전하고, 꼭 필요한 기도의 능력을 발견하게 된다.

"아무것도 염려하지 말고 다만 모든 일에 기도와 간구로 너희 구할 것을 감사함으로 하나님께 아뢰라. 그리하면 모든 지각에 뛰어난 하나님의 평강이 그리스도 예수 안에서 너희 마음과 생각을 지키시리라"(빌 4:6-7).

'염려'는 사람 사이에 널리 퍼진 악이다. 염려는 우리 주변에서 나타나는 아주 보편적인 현상이다. 염려는 타락한 처지의 인간에게 속한 것이다. 지나치게 염려하는 경향은 죄의 자연스러운 결과이다.

염려는 온갖 모양으로 시도 때도 없이 온 사방에서 찾아온다. 염려는 남녀노소를 막론하고 어떤 지위에 있든지 상관없이 찾아온다. 그리고 기도 외에는 어디로도 피할 수 없는 영역에서 일어나는 염려가 있다. 일에 대한 염려, 가난에 대한 염려, 부에 대한 염려가 바로 그것이다.

또한 우리는 가정에 대해서, 사회에 대해서, 국가에 대해서도 염려한다. 그러므로 "아무것도 염려하지 말라"는 바울의 당부는 매우 적절한 것이다. 이것은 거룩한 하나님의 명령이며, 우리는 "다만 모든 일에 기도와 간구로 너희 구할 것을 감사함으로 하나님께 아뢰는" 삶으로 염려를 뛰어넘어 얼마든지 살아갈 수 있다. 이것은 온갖 불안한 염려, 모든 근심, 각종 내적인 피폐함을 치료하기 위해 하나님이 처방해주시는 치유책이다.

'염려하다' (careful)는 말은 여러 가지 다른 방향으로 이끌리거나 마음이 산란하거나 영이 근심스럽거나 어지럽거나 짜증스럽다는 뜻이다. 예수님은 산상수훈에서 바로 이것에 대해 경고하셨는데, 거기서 예수님은 우리 몸에 필요한 것과 관련하여 이렇게 말씀하셨다.

"그러므로 내가 너희에게 이르노니 목숨을 위하여 무엇을 먹을까 무엇을 마실까 몸을 위하여 무엇을 입을까 염려하지 말라. 목숨이 음식보다 중하지 아니하며 몸이 의복보다 중하지 아니하냐.

"…그러므로 내일 일을 위하여 염려하지 말라. 내일 일은 내일이 염려할 것이요 한 날의 괴로움은 그날로 족하니라"(마 6:25,34).

여기서 예수님은 제자들에게 먹고 입는 것에 대해 근심, 걱정 없는 고요한 마음의 참된 비결을 알려주려고 애쓰셨다. 내일의 불행을 미리 앞당겨서 걱정할 필요가 없다는 것이다. 그리고 우리 주 예수님은 시편 37편 3절에 "여호와를 의뢰하고 선을 행하라. 땅에 머무는 동안 그의 성실을 먹을거리로 삼을지어다(땅 위에서 네가 걱정 없이 먹고살리라(공동번역)"는 말씀에서 찾을 수 있는 것과 같은 교훈을 가르치셨다. 혹시 내일 일어날지도 모르는 불행에 대한 두려움, 그리고 우리 몸에 필요한 물질적인 것들에 대해 주의를 환기하면서 주님은 하나님에 대한 절대적이고 어린아이 같은 믿음을 가지라고 권면하신 것이다.

"또 여호와를 기뻐하라. 그가 네 마음의 소원을 네게 이루어 주시리로다. 네 길을 여호와께 맡기라. 그를 의지하면 그가 이루시고 네 의를 빛같이 나타내시며 네 공의를 정오의 빛같이 하시리로다"(시 37:4-6).

날마다 숨 쉬는 순간마다 주님은 약속하시네.

날마다 필요한 힘을 매일 우리에게 불어넣어 주신다네.
불길한 예감으로 다가오는 온갖 두려움을 내던지고
오늘의 만나를 한아름 가득히 거두어들인다네.

"아무것도 염려하지 말라"는 바울의 권면은 매우 구체적이다. 단 하나도 염려하지 말라는 것이다. 어떤 것, 어떤 상황, 어떤 기회, 또는 어떤 일이 일어나더라도 염려하지 말라는 것이다. 우리를 불안하게 만들고 염려를 일으키는 어떤 것에 대해서도 걱정하지 말라는 것이다. 그리하여 모든 염려, 걱정, 초조감, 근심으로부터 고요하고 평안한 마음을 유지하라는 것이다. 염려는 마음의 일치, 능력, 고요함을 나누고 흐트러뜨리고 어리둥절하게 만들고 파괴한다. 염려는 연약한 신앙에는 치명적이며 강한 신앙심을 약화시킨다. 그러므로 이와 같은 염려를 경계하고 그것을 치유하기 위한 한 가지 비결, 곧 기도를 배워야 하는 필요성이 얼마나 크단 말인가! 사도 바울이 이야기하는 것과 같은 마음 상태로 치유받기 위한 기도의 가능성이 얼마나 무궁무진하단 말인가!

모든 것에 대한 기도는 염려에 사로잡힌 삶과 염려로 뒤숭숭한 마음에서 벗어나 온갖 산만함을 잠재우고 온갖 근심을 진정시키고 온갖 염려를 날려버릴 수 있다. 구체적인 기도는 염려, 걱정, 근심에 속한 온갖 병폐를 치료하는 완벽한 치유책이다. 오직 모든 것에 대한 기도야말로 어리석은 염려를 내쫓을 수 있으며 불필요한 마음의 짐을 내려놓을 수 있으며 우리가 어찌할 수 없는 것들에 대해 걱정하도록 끊임없이 따라다니는 죄에서 벗어날 수 있게 한다. 오직 기도야말로 "모든 지각에 뛰어난 하나님의 평강"을 우리 마음과 생각 속에 가져올 수 있으며 부담스러운 염려에서 자유로운, 평안한 마음과 생각을 지킬 수 있게 한다.

그러나 우리가 초조하고 불안할 때 불필요한 마음의 짐이 생겨난다. 얼마나 많은 사람이 온전한 평안으로 가득한, 초조하게 만드는 걱정 어린 삶의 폭풍우와 소용돌이에서 보호되는, 행복한 그리스도인의 삶에 담긴 진정한 비결을 모르고 그냥 살아간단 말인가! 기도는 염려로 가득한 삶, 인간적인 삶의 재앙에서 우리를 구해준다. 이에 대해 사도 바울은 고린도교회에 이렇게 편지를 써 보냈다. "너희가 염려 없기를 원하노라"(고전 7:32). 그런데 이것은 하나님의 뜻이다.

기도에는 바로 이 일을 할 수 있는 능력이 있다. 사도 베드로는 "너희 염려를 다 주께 맡기라. 이는 그가 너희를 돌보심이라"(벧전 5:7)고 말했지만, 시편 기자는 "악을 행하는 자들 때문에 불평하지 말며 불의를 행하는 자들을 시기하지 말지어다. …여호와 앞에 잠잠하고 참고 기다리라. 자기 길이 형통하며 악한 꾀를 이루는 자 때문에 불평하지 말지어다. 분을 그치고 노를 버리며 불평하지 말라. 오히려 악을 만들 뿐이라"(시 37:1,7-8)고 말한다. 그리고 잠언에서도 "너는 행악자들로 말미암아 분을 품지 말며 악인의 형통함을 부러워하지 말라"(잠 24:19)고 권면한다.

또한 하나님의 약속과 목적을 모두 포함하면서 곧바로 "아무것도 염려하지 말라"는 간청 앞에 등장하는 바울의 지시는 이런 식으로 나타난다.

> "주 안에서 항상 기뻐하라. 내가 다시 말하노니 기뻐하라. 너희 관용을 모든 사람에게 알게 하라. 주께서 가까우시니라"(빌 4:4-5).

그런데 온갖 종류의 염려로 가득한 세상, 각종 유혹이 다스리는 세상, 우리를 시험하는 것이 너무나 많은 세상에서 도대체 어떻게 기뻐하는 게 가능하단 말인가?

우리는 이처럼 적나라하고 노골적인 명령을 대하면서 그것을 하나님 말씀으로 받아들이고 존중하기는 하지만, 아무리 해도 도무지 기쁨이 찾아오지 않는 경우가 잦다. 그런데 도대체 어떻게 우리의 관용, 관대함, 온화함을 항상 널리 알게 할 수 있단 말인가? 흔히 우리는 온화하고 관대하기로 쉽게 마음먹는다. 그리고 주님이 가까이 계신다는 것도 기억한다. 하지만 여전히 우리는 성급하고 서두르며 딱딱하고 까다롭다. 우리는 "아무것도 염려하지 말라"는 거룩하신 하나님의 명령을 듣고 있지만, 여전히 걱정하고 염려에 시달리며 염려에 사로잡히고 휘둘린다.

도대체 어떻게 우리가 거룩한 하나님 말씀, 너무나 달콤하고 위대한 약속이자 우리 눈에 너무나 아름다워 보이는, 하지만 현실과는 너무나 거리가 먼 것 같은 말씀을 실제로 성취할 수 있단 말인가? 도대체 어떻게 우리가 진실하고 정직하고 공의롭고 순전한 유산을 풍성하게 누려 사랑스러운 것들을 정말로 소유할 수 있단 말인가? 다름 아닌 이 처방전은 절대 확실하며 이 치유책은 보편적이며 이 치료제는 절대로 틀림없다. 그것은 바울에게서 너무나 자주 들어왔던 다음과 같은 말씀에서 찾을 수 있다.

"아무것도 염려하지 말고 다만 모든 일에 기도와 간구로, 너희 구할 것을 감사함으로 하나님께 아뢰라. 그리하면 모든 지각에 뛰어난 하나님의 평강이 그리스도 예수 안에서 너희 마음과 생각을 지키시리라"(빌 4:6-7).

우리에게 기쁨을 가져다줄 뿐만 아니라 날마다 오직 믿음으로 살아가도록 도와주는, 이처럼 즐겁고 평화로운 경험이 바로 하나님의 뜻이다. 사도 바울은 데살로니가 교인들에게 편지를 쓰면서 이렇게 말했다.

"항상 기뻐하라. 쉬지 말고 기도하라. 범사에 감사하라. 이것이 그리스도 예수 안에서 너희를 향하신 하나님의 뜻이니라"(살전 5:16-18).

우리가 모든 근심과 지나친 염려에서 완전히 벗어나야 하는 것은 하나님의 뜻이다. 그뿐만 아니라 하나님은 우리가 행복한 마음을 유지할 수 있는 수단으로 항상 쉬지 말고 기도하라고 명령하고 계신다.

지금까지 우리가 논의해 온 빌립보서 4장의 말씀을 쉬운성경에서는 이렇게 제시하고 있다.

"걱정하지 말고 필요한 것을 하나님께 구하고 아뢰십시오. 감사하는 마음으로 하나님께 말씀드리십시오. 그러면 우리 주 예수 그리스도 안에서 그 어느 누구도 측량할 수 없는 평안이 여러분의 마음과 생각 가운데 풍성히 임할 것입니다"(빌 4:6-7).

그러니까 바울은 기도를 강조하면서 "주 안에서 항상 기뻐하라"는 선행 구절을 툭 던지고 있다. 다시 말해 주 안에서 항상 기뻐하는 것, 그리고 주님과 더불어 행복해지는 것을 말이다.

결국 우리가 행복해질 수 있는 비결은 "아무것도 염려하지 않는 것이다." 이 기쁨은 기도로 나아가는 출입문이자 통로이기도 하다. 주 안에서 누리는 기쁨은 기도의 힘이자 담대함이요, 기도에서 승리하는 수단이다. '관용'은 기도의 무지개를 만든다. 이 말은 온화함, 공평함, 관대함, 기분 좋은 합리성을 뜻한다. 공동번역에서는 '너그러운 마음'으로 번역되기도 했다. 이 얼마나 우리에게 드문 요소이며 아름다운 채색이란 말인가! 이것들은 강력하고 아름다운 성격에다 폭넓고 긍정적인 평판을 얻는 색채이자 요소다. 기뻐하는 관대한 영, 긍정적인 평판은 기도와 잘 어울리며 염려로 말미암은 산만함과 불안을 깨끗이 없애준다.

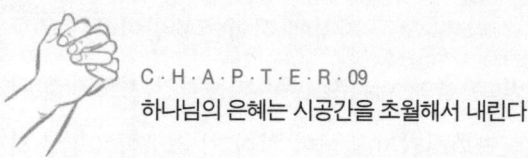

C·H·A·P·T·E·R·09
하나님의 은혜는 시공간을 초월해서 내린다

사도 바울은 우리에게 골방으로 들어가라고 권면한다. 온갖 부담스럽고 고민스러운 염려의 확실한 치유책은 기도이다. 주님이 가까이 계시는 곳은 기도의 골방이다. 거기에는 우리를 축복하고 도와주고 구원해주시기 위해 우리를 기다리시는 하나님이 계신다. 우리는 거기에서 하나님을 발견할 수 있다. 다른 어떤 곳보다 더욱 충만하게 하나님의 임재와 능력을 실감할 수 있는 장소가 바로 기도의 골방이다.

또한 바울은 참된 기도를 보충하는 것으로서 기도, 간구, 감사 같은 다양한 용어를 제시한다. 우리 영혼은 이 모든 영적인 훈련에 매진해야 한다. 만약 우리가 불화와 내적인 갈등을 일으키는 지나친 염려에서 자유로워지고 싶다면, 모든 지각에 뛰어난 평강이라는 풍성한 열매를 받고 싶다면, 마음에 내키지 않는 미온적인 기도가 없어야 하며 기도의 본질을 약화시키지 말아야 하며 기도의 힘을 감소시키지도 말아야 한다. 기도하는 자는 영적인 자질이 풍부하여 언제나 간절한 영혼의 소유자여야 한다.

이에 관해 사도 바울은 "다만 모든 일에 기도와 간구로 너희 구할 것을 감사함으로 하나님께 아뢰라"고 권면한다. 어떤 대상도 너무 광대하여 우리의 기도에서 제대로 다루지 못하거나 감히 구하지 못할 것은 없다. 어떤 대상도 너무 보잘것없어 골방의 비밀회의에서 다루지 못하거나 마지막 심판에서 다루지 못할 것은 없다. 염려가 온 사방에서 몰려오는 것과 마찬가지로 기도 역시 온 사방으로 활기차게 뻗어 나간다.

기도하기에 너무 하찮은 게 없는 것과 마찬가지로 하나님에게도 너무 하찮은 것이란 없다. 우리의 머리카락도 다 헤아리시는 분, 그리고 하늘을 나는 아주 작은 참새가 땅에 떨어지더라도 기꺼이 보살펴주시는 하나님은 자기 자녀들의 행복, 필요, 안전과 관련된 모든 것 역시 기꺼이 보살펴주신다. 기도는 우리 삶에서 아주 하찮은 것으로 여겨지는 일에 관해서도 관심을 기울이시도록 하나님을 모셔온다. 우리의 삶은 온통 이러한 사소한 것으로 이루어져 있지만 그런 사소한 시작에서부터 엄청나게 큰 은혜를 받는다.

주님, 기도하는 가운데 주께 가져오기가
너무 가벼운 슬픔이란 하나도 없습니다.
주님의 동정심을 불러일으키기에
너무 시시한 걱정스러운 염려란 아무것도 없습니다.

우리가 내쉬는 한숨에는 비밀이 없습니다.
오직 주의 거룩한 귀에 들릴 뿐입니다.
그리고 주님, 모든 십자가는 주의 그림자 아래서
찬란한 빛으로 솟아오르게 마련입니다.

기도로 올려드리는 모든 것이 전능하신 하나님의 시선을 끄는 것과 마찬가지로 우리는 자신에게 영향을 미치는 것은 무엇이든지 그분의 관심을 끈다는 사실을 확신해야 한다. 기도에 관한 이와 같은 명령은 얼마나 포괄적이란 말인가! "다만 모든 일에." 여기에는 일시적인 것과 영적인 것 사이에 아무런 구분이 없다. 그러한 구분은 하나님을 신뢰하는 믿음, 지혜, 그리고 경외심에서 어긋나는 것이다. 하나님은 만물을 자연스럽게 은혜 가운데 다스리신다. 인간은 영적인 것뿐만 아니라 세속적인 것에도 시공간적으로나 영원히 영향을 받는다. 우리의 일은 얼마나 부지런한가에 따라 판이해지는 것과 마찬가지로 기도에 따라서도 완전히 달라진다.

우리의 신앙을 가장 크게 가로막는 것은 사탄의 교활한 유혹, 그리고 시간과 관련된 것이다. 우리를 가장 무겁고 혼란스럽고 무감각하게 만드는 염려는 세상의 문제 바로 곁에 자리 잡고 있다. 그러므로 우리에게 닥쳐와 우리를 염려하게 하는 모든 것에 대해, 우리에게 다가오기 원하는 모든 것에 대해, 그리고 우리에게 닥쳐오기 원하지 않는 모든 것에 대해 우리는 기도해야 한다. 기도는 모든 것을 축복하고 모든 것을 가져오고 모든 것을 구하고 모든 것을 지켜낸다. 모든 시간과 공간을 초월하여 기도는 범사에 명령을 내릴 수 있다. 기도에는 우리에게 영향을 미치는 모든 것에 영향을 끼칠 수 있는 무한한 능력이 존재한다. 여기에 거대한 기도의 가능성이 존재한다.

우리 인생의 온갖 쓰라린 경험도 우리의 기도로 말미암아 얼마나 달콤해질 수 있단 말인가! 연약한 사람이 기도로 말미암아 얼마나 강해질 수 있단 말인가! 온갖 질병도 의심도 불안과 두렵고 떨리는 마음도 기도 앞에서는 저 멀리 물러간다. 지혜, 지식, 거룩함, 천국만이 기도의 명령에 따른다. 어떤 것도 기도 밖에 머물러 있지 않다. 기도에는 우리 주 예수 그리스도의 섭리 안에서 모든 것을 얻는 능력이 있다. 바울은 "다만 모든 일에 기도함으로"라는 말로써 인간의 관심, 상황, 사건 등과 관련된 모든 영역을 포함하고 있다.

어떤 간구와 감사도 기도와 함께 단단히 연결되어야 한다. 기도에 능력이 나타나게 하는 것은 예배의 장엄함도 예전의 화려함도 의식의 웅장함도 아니요 성례전의 검소함도 아니다. 이와 같은 기도의 섬김을 유익하게 만드는 것은 하나님 앞에서 거룩해지고 낮아지는 자기 비하와 아무 말도 못 할 정도로 커다란 경외심을 나타내면서 오직 바라는 것을 뜨겁게 간청하고 우리 영혼을 하나님께 올려드리는 것이다.

여기에는 감사의 광채가 반드시 함께 있어야 한다. 찬양의 시가 뿐만 아니라 진중한 어조로 감사를 표현하는 말이 반드시 포함되어야 한다. 그것은 하나님을 바라보며 진실한 감사를 소리 높여 표현하는 것이어야 한다. 내면에 깊이 숨겨진 것이 겉으로 드러나게 표현되어야 한다. 우리 입술은 영혼의 음악을 노래해야 한다. 하나님께 열중한 마음, 하나님의 임재로 조명받은 마음, 하나님의 오른손으로 인도받은 인생은 틀림없이 하나님께 감사를 표현해야 한다. 그러한 것은 과거 우리의 삶 가운데 일어난 일에 대해 하나님을 인정하는 것이며 그분의 선하심으로 말미암아 하나님을 높여드리는 것이며 그것을 명예롭게 하신 하나님께 영광을 돌리는 것이다.

"너희 구할 것을 하나님께 아뢰라." 이처럼 우리는 '구할 것'을 반드시 하나님께 아뢰어야 한다. 침묵은 기도가 아니다. 기도는 우리에게 없는 것, 우리가 바라는 것, 기도 응답으로 주겠다고 약속하신 것을 하나님께 요구하는 것이다. 기도는 실제 말로 표현해서 구하는 것이다. 기도는 말로 이루어진다. 기도에는 강력하고 진실한 말이 있다. 기도하면서 바라는 것을 말로 표현하게 된다. 기도하는 사람은 간청하는 자이다. 기도하는 사람은 논증, 약속, 필요 등을 거론하면서 자기 기도를 들어달라고 촉구하는 자이다.

때때로 기도에는 큰소리로 외치는 것도 포함된다. 이에 대하여 시편 기자는 이렇게 말했다.

"나는 하나님께 부르짖으리니 여호와께서 나를 구원하시리로다. 저녁과 아침과 정오에 내가 근심하여 탄식하리니 여호와께서 내 소리를 들으시리로다"(시 55:16-17).

기도하는 사람은 지금까지 자신이 갖지 못했던 것을 바란다. 그는 하나님이 갖고 계신 것, 기도로 얻을 수 있는 것을 바란다. 그는 스스로 아무것도 할 수 없고 어쩔 줄 몰라 억눌려 있으며 혼란스러워한다. 그러므로 그는 하나님 앞에서 기도하며 감사드린다. 이런 것이 바로 하나님 앞으로 나아가는 시간에 나타나는 태도, 향기, 도구, 방식이며, 그와 같은 영혼이 하나님의 궁정으로 들어갈 수 있게 된다.

'구할 것'이란 자신을 위하여 구한다는 뜻이다. 그는 곤경에 빠져 있다. 무언가가 필요하며 그것이 절실하게 필요하다. 다른 도움은 그다지 유용하지 않다. 그것은 지금까지 한 번도 충족되지 않았던 것을 받게 해달라고 간청한다는 뜻이다. 구할 것이란 주시는 분을 향한 것이다. 단지 그분의 선물뿐만 아니라 그분 자신을 달라고 요청하는 것이다. 기도하는 사람은 구하는 것을 오직 하나님께 아뢰어야 한다. 우리가 구하는 것을 하나님께 알려드려야 한다. 온갖 염려가 날아가고 각종 근심이 사라지고 모든 걱정이 떠나가서 우리 영혼이 평안을 얻는 것은 바로 이때이다. 바로 이때 "모든 지각에 뛰어난 하나님의 평강이" 우리의 마음을 훔치게 된다.

또한 우리는 야고보서 5장에서 기도와 그 가능성에 대한 또 다른 놀라운 묘사를 보게 된다. 그것은 질병과 건강, 죄와 용서, 비와 가뭄에 관련된 것이다. 여기 기도에 관한 사도 야고보의 권면이 있다.

"너희 중에 고난당하는 자가 있느냐. 그는 기도할 것이요 즐거워하는 자가 있느냐. 그는 찬송할지니라. 너희 중에 병든 자가 있느냐. 그는 교회의 장로들을 청할 것이요 그들은 주의 이름으로 기름을 바르며 그를 위하여 기도할지니라. 믿음의 기도는 병든 자를 구원하리니 주께서 그를 일으키시리라. 혹시 죄를 범하였을지라도 사하심을 받으리라. 그러므로 너희 죄를 서로 고백하며 병이 낫기를 위하여 서로 기도하라. 의인의 간구는 역사하는 힘이 큼이니라. 엘리야는 우리와 성정이 같은 사람이로되 그가 비가 오지 않기를 간절히 기도한즉 삼 년 육 개월 동안 땅에 비가 오지 아니하고 다시 기도하니 하늘이 비를 주고 땅이 열매를 맺었느니라"(약 5:13-18).

여기에는 자신의 필요를 위한 기도와 다른 사람을 위한 중보기도가 포함되어 있다. 신체적인 필요와 영적인 필요를 위한 기도, 가뭄을 위한 기도와 비를 달라는 기도, 일시적인 문제를 위한 기도와 영적인 것을 위한 기도가 있다. 이처럼 기도가 영향을 미치는 범위는 얼마나 광대하단 말인가! 이러한 말씀 아래 기도의 가능성이 얼마나 놀랍단 말인가!

여기에는 온갖 종류의 고난과 침체에 대한 치유책이 있으며 여기에서 우리는 질병에 대한 치료책과 가뭄의 시기에 비를 내리게 하는 방책을 찾아내게 된다. 여기에는 죄악에 대한 용서를 얻는 길이 자리 잡고 있다. 한 번 기도의 능력을 발휘하면 자연의 힘은 무력해지고 구름과 비와 이슬을 명하여 마치 사막의 모래바람처럼 들판과 농장에 몰아치게 한다. 기도는 구름을 가져오고, 황무하고 피폐한 땅에 비를 내려서 비옥하게 만든다.

"의인의 간구는 역사하는 힘이 큼이니라"는 일반적인 진술은 왕성한 힘을 가진 기도에 관한 진술이다. 이 말씀에는 두 마디가 사용되었다. 하나는 어떤 일을 실행하는 능력으로서 운행하는 힘을 상징하는 반면, 다른 하나는 그냥 우리에게 부여되는 능력으로서 기도의 힘을 상징한다. 기도는 능력이자 힘인데 하나님께 영향을 미치는 능력이자 힘이요, 인간에게 은혜로운 혜택을 주는 가장 건전하고 광범위하고 기적처럼 놀라운 것이다. 기도는 하나님께 영향을 미친다. 인간을 위해 일하시는 하나님의 능력은 기도의 가능성을 헤아리는 척도이다.

그대는 지금 왕에게로 나아오고 있소.
그대와 함께 커다란 간구를 가지고 온다오.
그분의 은혜와 능력은 너무나 커서
아무도 지나치게 많이 요구한다고 말할 수 없소.

"너희가 내 이름으로 무엇을 구하든지 내가 행하리니
이는 아버지로 하여금 아들로 말미암아 영광을 받으시게 하려 함이라"(요 14:13).

P·a·r·t·04

흔들리지 않는
응답의 축복을 누리라

C·H·A·P·T·E·R·10
기도 응답은 하나님을 영화롭게 한다

무미건조하고 생기 없는 무감각한 것의 세계에서 끄집어내, 기도를 생명과 능력으로 넘쳐나게 만드는 것은 바로 응답받는 기도이다. 어떤 일이 생겨나고 어떤 일의 자연스러운 경향을 바꾸고 하나님의 뜻에 따라 모든 일을 명하는 것이 바로 기도의 응답이다. 기도를 광신적인 행위에서 끌어내고 이상적인 유토피아에서 벗어나게 하거나 단순히 변덕스러운 공상에 빠지지 않도록 하는 것은 바로 기도의 응답이다. 기도를 하나님과 사람에 대한 능력으로 만들고 실제적이고 신성한 것으로 만드는 것 역시 기도의 응답이다. 그러나 응답받지 못하는 기도는 불신앙을 훈련하는 학교이며 하나님과 사람을 기만하고 성가시게 만드는 부적절한 짓이다.

기도의 응답은 우리가 올바로 기도해 왔다는 사실을 증명하는 유일한 보증 수표이다. 기도에는 얼마나 놀라운 능력이 도사리고 있단 말인가! 이 세상에서는 이루다 헤아릴 수 없을 만큼 놀라운 기적이 얼마나 일어나고 있단 말인가! 수많은 사람의 보편적인 기도는 하나님의 은혜로운 응답을 열렬히 바라고 있다.

응답받지 못하는 수많은 기도는 하나님의 뜻이라는 엄청난 신비로도 쉽사리 풀리지 않는 문제다. 우리의 기도는 하나님이 아무 때나 아무렇게나 주권적인 능력을 발휘할 수 있게 하는 취미 대상이 아니다. 하나님은 무작정 기도에 응답하시기 위해 그분의 놀라운 약속을 두고 가상 놀이를 하고 계신 게 아니다. 그러므로 응답받지 못하는 기도에 대한 가장 포괄적인 설명은 우리의 그릇된 기도에서 찾을 수 있다.

"너희가 얻지 못함은 구하지 아니하기 때문이요 구하여도 받지 못함은 정욕으로 쓰려고 잘못 구하기 때문이라"(약 4:2-3).

만약 응답받지 못하는 기도를 모두 바다에 내다 버린다면 아마도 온 바다를 가득 채우고도 남을 것이다. 하나님의 자녀여, 당신은 기도할 수 있는가? 당신의 기도는 응답받고 있는가? 만약 당신의 기도가 응답되었다면 당신은 정말 제대로 기도하고 있는 것이다.

성경에서 말하는 관점에서 본 기도의 효능은 오직 기도의 응답에 달려 있다. 다음과 같은 격언은 기도의 유익에 관해 지금까지 다른 어떤 표현보다 더 잘 묘사하고 있다.

"기도는 온 우주를 움직이는 팔을 움직인다."

기도 응답을 받는 것은 우리의 욕구를 충족시키는 것과 관련해서도 중요할 뿐만 아니라 우리가 그리스도 안에 머물러 있다는 증거이기도 하다. 그러므로 기도에 있어 기도의 응답은 훨씬 더 중요해진다.

기도라는 단순한 행위는 하나님과 우리의 관계를 시험하는 게 아니다. 기도하는 행위가 정말로 죽은 것처럼 무감각한 수행과정이 될 수도 있다. 기도가 습관적으로 반복하는 행위일 수도 있다. 그러나 한두 번이 아니라 날마다 기도하고 분명하게 응답받는 것, 이것은 확실한 시험이며 그로 말미암아 예수 그리스도와 지극히 중대한 관계를 맺는 은혜로운 지점이다. 이와 같은 관련성에 관한 우리 주님의 말씀을 들어보라.

"너희가 내 안에 거하고 내 말이 너희 안에 거하면 무엇이든지 원하는 대로 구하라. 그리하면 이루리라"(요 15:7).

하나님과 사람에게 있어 기도 응답은 우리의 기도에서 굉장히 중요하다. 직접적이고 명백한 기도 응답은 하나님의 존재에 대한 증거이다. 기도 응답은 하나님이 살아계신다는 것, 하나님이 자신의 피조물에 관심을 두고 계신다는 것, 그리고 피조물이 기도하는 가운데 다가올 때 그 피조물의 기도에 귀를 기울이는 지적인 존재가 있다는 사실을 입증한다. 기도 자체와 기도 응답보다 하나님이 존재한다는 사실을 그토록 명확하게 입증하는 증거는 없을 것이다. 이것이 바로 엘리야의 탄원이었다.

> "아브라함과 이삭과 이스라엘의 하나님 여호와여 주께서 이스라엘 중에서 하나님이신 것과 내가 주의 종인 것과 내가 주의 말씀대로 이 모든 일을 행하는 것을 오늘 알게 하옵소서. 여호와여 내게 응답하옵소서. 내게 응답하옵소서. 이 백성에게 주 여호와는 하나님이신 것과 주는 그들의 마음을 되돌이키심을 알게 하옵소서"(왕상 18:36-37).

기도의 응답 역시 기도의 일부로서 하나님을 영화롭게 한다. 그러므로 응답받지 못하는 기도는 어둠, 의심, 당혹스러움 가운데 기도하는 사람에게서 터져 나오는 어리석은 신탁이다. 그것은 믿지 않는 사람들에게 아무런 확신도 심어주지 못한다. 그것은 기도에 효능을 더하는 기도의 행위나 태도가 전혀 아니다. 기도에 효능을 더한다고 하여 하나님 앞에서 우리 몸을 비굴하게 굴종시키는 게 아니며 하나님께 열정적으로나 조용하게 말을 쏟아내는 것도 아니다. 그리고 우리가 기도하는 말에 정교한 아름다움과 시적인 감흥을 더 많이 불어넣는 것도 아니다. 기도는 그저 묵묵히 아뢰는 것이다. 기도에 효능을 더하는 것은 기도하면서 이런저런 주장과 설득력 있는 말을 멋지게 늘어놓는 게 아니다. 이 가운데 어느 하나, 또는 모든 것이 하나님을 영화롭게 하지 못한다. 하나님의 이름에 영광을 돌리게 하는 것은 바로 기도의 응답, 그 자체이다.

엘리야는 자기의 영혼을 불과 에너지로 가득 채우는 그런 날이 올 때까지 갈멜산에서 끈기 있게 기도했을 것이다. 그런데 만약 아무런 응답도 받지 못했다면 하나님께 아무런 영광도 돌리지 못했을 것이다. 베드로는 무릎을 꿇고 죽을힘을 다하기까지 도르가의 시체 곁에서 꼼짝하지 않고 간절히 기도했을 것이다. 그런데 만약 아무런 응답도 임하지 않았다면 하나님에게 아무런 영광도 사람들에게 아무런 유익도 따르지 않고 오직 의심과 황폐함과 낙담만 있었을 것이다.

기도의 응답은 하나님과 우리의 올바른 관계를 확신시키는 증거이다. 예수님은 나사로의 무덤에서 이렇게 말씀하셨다.

"예수께서 눈을 들어 우러러 보시고 이르시되 아버지여 내 말을 들으신 것을 감사하나이다. 항상 내 말을 들으시는 줄을 내가 알았나이다. 그러나 이 말씀 하옵는 것은 둘러선 무리를 위함이니 곧 아버지께서 나를 보내신 것을 그들로 믿게 하려 함이니이다"(요 11:41-42).

예수님의 기도에 대한 응답은 그분의 사명이 다름 아닌 하나님께로부터 온 것이라는 증거였다. 이는 엘리야의 기도에 대한 응답이 하나님께서 그 아들을 다시 살아나게 하셨던 여인에게 커다란 증거가 되었던 것과 마찬가지다. 그래서 그 여인은 "내가 이제야 당신은 하나님의 사람이시요 당신의 입에 있는 여호와의 말씀이 진실한 줄 아노라"(왕상 17:24)고 고백할 수 있게 되었다.

기도는 변하지 않는 법칙을 통해, 심지어 법칙을 훨씬 뛰어넘어 인격적인 하나님의 뜻, 약속, 임재 등을 통해 하나님께로 올라간다. 그리고 하나님의 모든 약속, 진리, 능력, 사랑 등을 통해 응답은 이 땅에 다시 임하게 된다. 그렇기에 기도 응답에 관하여 관심을 기울이지 않는 것은 기도하지 않는 것이나 마찬가지다. 도대체 얼마나 많은 기도가 응답받지 못한 채, 응답을 갈망하지 않은 채, 응답을 기대하지 않은 채로 드려져 왔단 말인가!

지금까지 우리는 하나님이 직접적으로나 객관적으로 명확하게 응답하시는 게 아니라 간접적으로나 주관적으로 응답하신다는 생각으로, 그릇되고 편안한 간구를 통해 제대로 기도하지 못하는 그릇된 믿음을 키워왔다. 우리는 그 과정과 결과를 전혀 알 수 없는 어떤 종류의 속임수를 통해 지금까지 훨씬 더 나은 삶을 살아왔다고 자신을 설득해 왔다. 하나님이 우리에게 직접 응답하시지 않았다고 생각하면서, 우리는 하나님이 어떤 미묘한 방식으로 쉽게 알 수 없는 결과를 얻도록 우리에게 더 나은 것을 허락해 오셨다는 기만적인 감언이설로 자신을 위로해 왔다. 또한 우리에게 명확한 응답을 허락하시는 것은 하나님의 뜻이 아니라고 말함으로써 우리의 영적인 나태함에 대한 위안으로 삼으면서 그 나태함을 키워왔다. 그러나 우리가 믿는 바에 따르면 기도의 응답을 받는 것은 틀림없이 하나님의 뜻이다. 하나님은 온 마음을 다해 진심으로 찾고 기도하는 자녀들의 모든 기도에 분명히 응답하신다.

기도는 어두운 먹구름이 물러가게 만들며
기도는 야곱이 본 사다리를 오르는 것이며
믿음과 사랑을 실행하는 것이며
위로부터 온갖 축복을 가져오는 것이다.

성경의 강조점은 항상 기도 응답에 맞춰져 있다. 하나님으로부터 임하는 모든 것은 기도 응답으로 말미암아 허락되는 것이다. 하나님 자신, 하나님의 임재, 하나님의 선물, 하나님의 은혜 등은 모두 기도로 말미암아 확실히 보장되는 것이다. 그렇기에 하나님이 사람과 소통하는 매개체는 바로 기도이다. 그리고 기도에서 가장 실제적인 것, 기도의 본질적인 목적은 그로 말미암아 확실히 보장되는 응답이다. 그러나 기도를 오래 해야 더 가치가 있는 양 불필요한 말들을 덧붙여 반복하는 것, 묵주 알을 세는 것, 기도에 중언부언하는 말을 보태는 것 따위는 부질없는 착각이자 공허한 일이요, 소용없는 짓이다. 기도는 곧바로 응답을 확실히 보장받아야 한다. 이것이 바로 기도의 기본 목적이다. 기도에는 어떤 다른 목적도 포함되지 않는다.

물론 기도에는 하나님과 친교를 나누는 목적도 있다. 거기에는 거룩한 성령님을 통해 우리 하나님과 나누는 달콤한 교제가 있다. 달콤하고 풍성하고 강력한 기도에는 하나님의 기쁨이 있다. 우리 내면의 영혼에 계시는 성령님의 은혜는 기도로 말미암아 점점 커지며 이와 같은 영적인 훈련을 통해 성장하는 가운데 계속해서 살아 있고, 촉진된다. 그러나 이 모든 기도의 유익 가운데 어느 하나도 기도의 본질적인 목적에 포함되어 있지는 않다. 모든 유익과 은혜가 우리의 영혼과 육신을 통해 흘러가도록 거룩하게 지정된 통로는 바로 기도뿐이다.

기도는 하나님이 베풀어주시기로 계획하신 축복을 전달하는 정해진 수단이다. 기도는 우리에게 온갖 일시적이고 영적인 유익을 제공하기 위해 지정된 거룩한 수단이다. 기도는 그 자체가 목적이 아니다. 기도는 우리가 편해지려 하는 어떤 일도 아니고 자신을 축하하는 것과 관련하여 이루어지는 그 어떤 일도 아니다. 기도는 어떤 목적에 도달하기 위한 수단이다. 만약 기도가 그다지 하찮은 게 아니라면 기도는 그 대가로 우리에게 무언가를 가져다주어야 한다. 이처럼 기도는 항상 응답을 확실히 담보하는 것을 목표로 삼아야 한다.

우리는 기도 응답을 통해 풍성하고 강해지고 유익을 얻고 거룩해진다. 그것은 단지 어떤 수행이나 태도, 또는 우리에게 혜택을 가져오도록 기도의 말을 그냥 되풀이하는 게 아니라 하늘에서 직접 보내주시는 응답이다. 의식할 수 있는 실제적인 기도 응답은 우리에게 실제적인 유익을 가져다준다. 이것은 단지 자신만을 위해 기도하는 것도, 단순히 이기적인 목적을 위해 기도하는 것도 아니다. 기도의 조건이 온전히 성취될 때 거기에는 이기적인 성품이 전혀 존재할 수 없다.

인간 본성이 풍성해지는 것은 바로 이러한 기도의 응답을 통해서이다. 기도의 응답은 우리가 하나님과 지속적이고 의식적인 친교를 나누도록 인도하며 감사를 일깨우고 확장시키며 찬양의 곡조와 고상한 영감을 고취시킨다. 기도 응답은 우리의 기도에 함께하시는 하나님의 흔적이다. 그것은 천국과 거래하는 것이며, 보이지 않는 존재들과 관계를 세우고 실현하는 것이다. 우리는 기도를 내어주고 거룩한 축복과 교환한다. 하나님은 구속하시는 보혈을 통해 우리의 기도를 받으시고, 그 대가로 그분 자신과 그분의 임재, 그리고 그분의 은혜를 베풀어주신다.

모든 거룩한 애정은 응답받는 기도에 영향을 받는다. 기도의 응답으로 말미암아 모든 거룩한 원칙이 성숙해지며, 믿음, 소망, 사랑은 더욱 풍성해진다. 이와 같은 응답은 모든 진실한 기도에서 찾을 수 있다. 이와 같은 응답은 어떤 목표와 바람이 강하게 표현된 기도에 있으며 이와 같은 기대감과 실현은 끈질긴 기도와 현실적인 기도를 가능하게 한다. 기도하게 만드는 것은 응답이 있다는 사실 덕분이며 기도 그 자체로 들어가게 만드는 것 역시 그와 마찬가지다.

기도의 응답을 구하지 않는 것은 기도에서 바람과 목표와 마음을 빼앗아 간다. 그것은 기도를 죽은 것으로 만들며 단지 아무 말도 못 하는 우상에게나 적절한 것이다. 그러나 기도를 성경의 영역으로 가지고 들어와 어떤 바람이 실현되게 하고 어떤 추구나 관심사에 살과 피를 덧입히고 온갖 진정한 생명력으로 약동하게 하고 건네주고 받으면서 구하고 반응하는 따뜻한 관계로 풍성하게 만드는 것은 바로 응답이다.

하나님은 그분의 손에 온갖 좋은 것을 붙잡고 계신다. 그와 같은 좋은 것들은 우리 주 예수 그리스도의 속죄하신 공로 덕분에 예수님의 이름으로 구함으로써 우리에게 임한다. 기도 수업에서 다른 모든 것이 포함된 단 하나의 명령은 "구하고 찾고 두드리라"는 것이다. 그리고 연이은 단 하나의 약속은 그에 따른 대응물이요, 그에 상응하는 필연적인 결과들이다. "구하는 자마다 받을 것이요 찾는 자마다 찾을 것이며 두드리는 자에게 열릴 것이다."

오, 신실하신 주여!
주의 자비는 아무도 옮길 수 없는 바위시라.
수많은 약속이 주님의 변함없는
사랑을 선포하고 있습니다.

하나님 말씀은 기도 응답에 대해 확실히 보증할 뿐만 아니라 하나님의 모든 속성은 그와 같은 목적에 맞추어 협력한다. 하나님의 정직하심은 기도의 응답과 관련하여 위태로워질 수도 있다. 하나님의 지혜, 하나님의 진실성, 하나님의 선하심이 거기와 관련되어 있다. 하나님의 무한하시고 확고부동한 정직하심은 곤궁한 때에 그분을 찾는 사람의 기도에 응답하시는 거대한 목적에 사로잡혀 있다. 공의와 자비가 기도의 응답을 확실히 보증하는 것이다. 그리고 하나님이 죄악을 용서하시며 죄악으로 오염된 것을 정결하게 만드신다는 사실은 매우 의미심장하다.

> "만일 우리가 우리 죄를 자백하면 그는 미쁘시고 의로우사 우리 죄를 사하시며 우리를 모든 불의에서 깨끗하게 하실 것이요 만일 우리가 범죄하지 아니하였다 하면 하나님을 거짓말하는 이로 만드는 것이니 또한 그의 말씀이 우리 속에 있지 아니하니라"(요일 1:9-10).

그러므로 우리도 예수 그리스도처럼 기도 응답에 충분히 헌신되어 있어야 한다.

> "너희가 내 이름으로 무엇을 구하든지 내가 행하리니 이는 아버지로 하여금 아들로 말미암아 영광을 받으시게 하려 함이라"(요 14:13).

그 응답이 하나님 아버지를 영화롭게 하는 것일 때 그 기도 응답은 얼마나 확실한 것이겠는가! 그리고 예수 그리스도께서 얼마나 열렬히 하늘에 계신 아버지께 영광을 돌리고 싶어 하시겠는가! 예수 그리스도는 언제 어디서나 하나님 아버지께 영광을 돌리는 기도 응답을 너무나 주고 싶어 하신 나머지, 그분의 이름으로 올려드리는 어떤 기도도 거부하거나 그냥 지나치지 않으신다.

우리 주 예수 그리스도는 우리의 믿음에 신선한 확신을 불어넣으시면서 다시금 이렇게 말씀하신다.

"내 이름으로 무엇이든지 내게 구하면 내가 행하리라"(요 14:14).

다시 한번 예수님은 이렇게 말씀하신다.

"너희가 내 안에 거하고 내 말이 너희 안에 거하면 무엇이든지 원하는 대로 구하라. 그리하면 이루리라. 너희가 열매를 많이 맺으면 내 아버지께서 영광을 받으실 것이요 너희는 내 제자가 되리라"(요 15:7-8).

오라. 내 영혼아, 내 간청을 준비하라.
예수님은 기도에 응답하기를 기뻐하신다.
예수님은 그대에게 기도하라고 명하셨다.
그러므로 그대는 아니라고 말하지 말지어다.

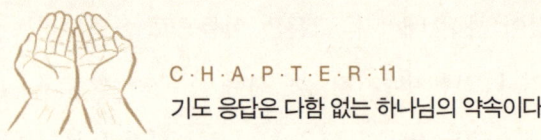

CHAPTER 11
기도 응답은 다함 없는 하나님의 약속이다

하나님은 그분의 말씀을 통해 우리의 기도에 자신을 헌신하셨다. 하나님 말씀은 기도의 기초이자 영감이며 심장이다. 예수 그리스도는 하나님 말씀에 대한 구체적인 예증이며 약속 자체일 뿐만 아니라 그 실현에서도 무한한 선이시다. 하나님은 어떤 것도 절반만 취하시지 않는다. 하나님은 결코 절반만 허락하시지 않는다. 하나님이 우리의 전부를 가지실 때 우리는 그분의 전부를 가질 수 있다.

하나님 약속의 말씀은 너무나 멀리까지 영향력을 미치고 모든 것을 포괄하기에, 그것은 마치 우리의 이해를 무시하고 우리의 기도를 무력화시키는 것처럼 보이기도 한다. 우리가 그처럼 거대한 말씀을 곰곰이 생각할 때, 그분이 '무엇이든지' '어떤 것이든' 과 같은 약속과

'무엇이나' '모든 것' 처럼 모든 것을 포괄하는 인간적인 표현을 거의 다 동원하시는 모습을 볼 때 이것이 더욱 두드러진다. 이렇게 자주 되풀이되면서도 너무나 거대한 약속들은 우리를 어리벙벙하게 만든다. 그리하여 우리가 구하고 시험하고 받기 위해 움직이게 만드는 대신에, 때로는 경외감으로 가득하지만 오히려 빈손으로 공허한 마음을 가지고 돌아서게 만든다.

그렇기에 우리는 기도에 대한 우리 주님의 다음과 같은 말씀에 주목할 필요가 있다. 이 말씀은 가장 엄숙한 진술을 통해 예수님이 선포하신 말씀이다.

> "그날에는 너희가 아무것도 내게 묻지 아니하리라. 내가 진실로 진실로 너희에게 이르노니 너희가 무엇이든지 아버지께 구하는 것을 내 이름으로 주시리라. 지금까지는 너희가 내 이름으로 아무것도 구하지 아니하였으나 구하라. 그리하면 받으리니 너희 기쁨이 충만하리라"(요 16:23-24).

이 말씀에 예수님은 두 번씩이나 응답을 선포하시면서 "너희가 무엇이든지 아버지께 구하는 것을 내 이름으로 주시리라"고 보증하고 계신다. 그것도 "지금까지는 너희가 내 이름으로 아무것도 구하지 아니하였으나 구하라. 그리하면 받으리니 너희 기쁨이 충만하리라"는 매우 인상적이고 암시적인 강조 용법을 사용하여 선포하고 계신다.

예수님은 기도하라는 자극과 기도의 피할 수 없는 결과로서 나타나는 응답을 너무나 강력하게, 너무나 자주 반복하여 선포하셨다. 그리하여 사도들 역시 기도하면 응답받을 수 있다는 사실과 사람들에게 기도하도록 촉구하는 것을 가장 커다란 사명으로 붙잡고 있어야 한다는 사실에 절대로 흔들리지 않는 모습으로 아주 든든히 서 있었다. 우리 주님이 제시하신 기도의 법칙에 관한 진리에 너무나 견고하게 서 있었기 때문에, 사도들은 모든 올바른 기도에는 반드시 기도 응답이 포함되며, 서로 밀접한 관련을 맺고 있다고 단호히 선포하게 된 것이다.

이 모든 약속은 전능하신 하나님이 기도에 응답하신다고 보증할 뿐만 아니라 그 응답이 매우 구체적이며 우리가 기도하는 것을 분명히 받게 되리라고 확신을 심어준다. 우리 주님의 확고부동한 가르침은 우리가 구한 것을 받고 우리가 찾는 것을 얻고 우리가 두드린 문이 열린다는 것이었다. 이것은 하늘에 계신 하나님 아버지께서 우리에게 지시하신 것에 따른 것이며, 하나님은 우리가 구하는 대로 반드시 우리에게 주신다는 약속이다.

하나님은 아예 응답하시지 않음으로써 우리를 실망시키지는 않으실 것이며 우리가 구하지도 않은 다른 어떤 것을 주시거나 우리가 찾지도 않은 다른 어떤 것을 찾게 하시거나 우리가 두드리지도 않은 잘못된 문을 우리에게 열어주시면서 우리를 거부하지도 않으실 것이다. 만약 우리가 떡을 구하면 그분은 우리에게 떡을 주실 것이다. 만약 우리가 달걀을 구하면 그분은 우리에게 달걀을 주실 것이다. 만약 우리가 생선을 구하면 그분은 우리에게 생선을 주실 것이다. 떡과 비슷한 어떤 게 아니라 정말로 그 떡을 우리에게 주실 것이다. 생선 비슷한 그 어떤 게 아니라 바로 그 생선을 주실 것이다. 우리의 기도 응답으로 악한 것을 우리에게 주시는 게 아니라 아주 좋은 것으로 채워주실 것이다.

이 세상의 성질이 고약한 부모라도 우는 아이에게는 그 아이가 구하는 것을 내준다. 기도를 격려하는 것은 이제 세상 아버지에게서 하늘 아버지에게로, 악한 자에게서 지극히 선하신 분에게로, 약한 자에게서 전능하신 분, 곧 우리 하나님 아버지에게로 전이된다. 그러면서 아버지 되심, 전능자, 준비된 자, 최고보다 훨씬 더 나은 자, 가장 유능한 세상 아버지보다 훨씬 더 나은 자에 대한 온갖 최상의 개념으로 하나님 아버지께 초점을 맞추고 있다. '하물며'라고 도대체 누가 감히 말할 수 있겠는가? 그분은 우리의 세상 아버지보다 훨씬 더 나아서 우리의 모든 필요를 공급하실 것이며 우리에게 온갖 좋은 것을 주실 것이다. 그리고 온갖 어려운 임무를 충족시켜 모든 율법을 성취하실 분이다. 비록 혈과 육을 가진 아버지에게는 어려울지 모르지만 하늘에 계신 우리 하나님 아버지에게는 결코 그 어떤 다함도 어려움도 존재하지 않는다.

여기 우리에게는 단순히 필요를 흉내 내는 것 이상으로 점점 더 많은 영적인 힘을 기울이면서 끈질기게 기도할 뿐만 아니라 점진적이고 단계적으로 열정과 노력을 더해가는 상징과 출발점이 있다. 그것은 바로 구하고 찾고 두드리는 것이다. 여기에는 단지 구하는 말에서부터 찾아다니는 착실한 태도에 이르기까지 왕성하고 직접적인 기도의 노력을 점점 더 많이 기울이게 되는 단계들이 있다. 이처럼 하나님이 항상 기도하라고 어디서나 기도하라고 무엇이든지 기도하라고 우리에게 명령하셨던 것과 마찬가지로 그분은 항상, 어디서나, 무엇이든지 응답하실 것이다.

하나님은 기도 응답에 명백하게 직접 자신을 헌신해 오셨다. 만약 우리가 기도의 조건들을 성취한다면 그 응답은 반드시 찾아올 수밖에 없다. 어떤 자연의 법칙도 기도 응답에 관한 약속만큼 그렇게 확고부동하고 엄정하지는 못하다. 자연의 명령은 실패할 수도 있지만 은혜의 명령은 결코 실패할 수 없다. 기도 응답을 방해할 수 있는 어떤 제약도, 어떤 상반되는 상황도, 어떤 연약함도, 어떤 무능함도 있을 수 없다. 우리가 기도할 때 우리를 위한 하나님의 행하심에는 아무런 제한이 없으며 그분에게 있는 여러 조건이나 어떤 특별한 경우나 환경으로 말미암아 그분은 전혀 제한받지 않으신다. 만약 우리가 진정으로 기도한다면 하나님은 모든 것을 지배하고 도전하시며 모든 조건을 뛰어넘으실 것이다.

하나님은 명백하게 말씀하셨다.

"너는 내게 부르짖으라. 내가 네게 응답하겠고 네가 알지 못하는 크고 은밀한 일을 네게 보이리라"(렘 33:3).

하나님이 이 약속을 성취하시는 길에는 아무런 제약도, 한계도, 장애물도 없다. 그분 말씀이 걸려 있기 때문이다. 그분 말씀이 관련되어 있기 때문이다. 하나님은 기도 응답에 진지하게 관여하신다. 우리는 그 응답을 찾아야 하며 그 응답에 대한 기대감으로 영감을 받아야 하며 겸손한 담대함으로 그 응답을 요구해야 한다. 이때 하나님은 거짓말하지 못하는 그분의 속성상 반드시 응답하실 것이다. 하나님은 진정으로 기도하는 사람의 기도에 응답하겠다고 스스로 내려놓으셨다.

곧장 절박한 기도로
하나님께 당신의 모든 필요를 올려드리라.
항상 기도하라. 낙심하지 말고 기도하라.
기도하라. 쉬지 말고 기도하라.

오직 교제하는 가운데
믿음을 가지고 하나님께로 가까이 나아가라.
모든 기도의 능력을 동원하여
그분의 궁정으로 나아가 그분의 보좌를 흔들어라.

구약시대의 선지자들과 하나님의 사람들은 자신을 향한 약속을 반드시 성취하시는 하나님의 성실하심에 절대 믿음이 흔들리지 않았다. 이들은 하나님 말씀이 보증하는 바를 그대로 믿었으며 기도에 응답하시는 하나님의 성실하심과 그분의 기꺼운 마음이나 능력에 관해서도 아무 의심도 하지 않았다. 너무나 철저히 그렇게 믿었기 때문에 이들의 역사는 하나님의 도우시는 손길을 되풀이해서 구하고 그대로 받는 것으로 특징지을 수 있다.

이것은 초대교회에서도 마찬가지였다. 초대교회 사람들은 주님이자 스승이신 예수님이 말씀하신 기도 응답에 관한 가르침을 아무런 이의 없이 그대로 받아들였다. 기도 응답의 확실성은 하나님 말씀이 진리인 것과 마찬가지로 변하지 않는 진리였다. 성령의 시대는 이 믿음을 실천에 옮기는 제자들 덕분에 훨씬 앞당겨졌다. 예수님이 제자들에게 "예루살렘을 떠나지 말고 내게서 들은 바 아버지께서 약속하신 것을 기다리라"(행 1:4)고 말씀하셨을 때 제자들은 그 명령에 순종하기만 하면 확실히 받을 것이라고 분명히 믿었다. 그리하여 제자들은 10일 동안 기도하면서 다락방에 머물렀고 그 결과 약속은 성취되었다. 예수 그리스도께서 말씀하신 그대로 응답된 것이다.

또한 사도 베드로와 요한이 성전 미문에 앉아 있던 사람을 고쳤다는 이유로 체포되었을 때 예루살렘 통치자들에게 협박을 받고 난 이후에 두 사람은 곧장 풀려나게 되었다. "사도들이 놓이매 그 동료에게 가서"(행 4:23). 이처럼 두 사도는 세상 사람들에게로 가는 대신 서로 친밀감을 느끼면서 같은 마음을 품은 동료들에게 달려갔다. 그때 사도들은 여전히 기도와 기도의 능력을 믿으면서 동료들과 기도에 전념하였는데, 이 기도가 바로 사도행전 4장에 기록되어 있다. 사도들은 이 기도에서 주님께 여러 가지 것을 자세히 구하였다.

> "주여 이제도 그들의 위협함을 굽어보시옵고 또 종들로 하여금 담대히 하나님의 말씀을 전하게 하여주시오며 손을 내밀어 병을 낫게 하시옵고 표적과 기사가 거룩한 종 예수의 이름으로 이루어지게 하옵소서 하더라. 빌기를 다하매 모인 곳이 진동하더니 무리가 다 성령이 충만하여 담대히 하나님의 말씀을 전하니라"(행 4:29-31).

여기서 사도들은 이 특별한 때에 성령으로 충만해졌다. 기도 응답은 사도들의 믿음과 기도에 대한 반응이었다. 성령 충만은 항상 담대함을 가져온다. 주님을 대적하는 사람들의 위협에 직면하여 느끼는 두려움에 대한 치유책은 성령으로 충만해지는 것이다. 이것은 담대하게 주님의 말씀을 전하는 능력을 제공한다. 이것은 용기를 주고 두려움을 몰아낸다.

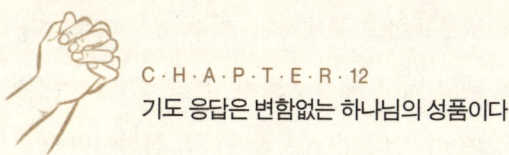

CHAPTER 12
기도 응답은 변함없는 하나님의 성품이다

우리는 기도 응답을 전면에 내세운다. 우리는 하나님이 우리의 기도를 듣고 응답하신다는 깃발을 결코 내리거나 접어두지 않은 채 응답의 깃발을 더욱 확실하게 흔든다. 하나님은 항상 기도를 듣고 응답하신다. 하나님은 영원히 기도를 듣고 응답하실 것이다. 하나님은 어제나 오늘이나 영원토록 동일하시며 영원히 복 되시고 영원히 경배받기에 합당하신 분이다. 하나님은 절대 변하지 않는 분이시다. 지금까지 항상 기도에 응답해 오셨던 것과 마찬가지로 앞으로도 계속해서 영원토록 그렇게 하실 것이다.

기도에 응답하는 것은 하나님의 우주적인 법칙이다. 기도에 응답하는 것은 하나님의 변하지 않고 철회할 수 없는 법칙이다. 기도에 응답하는 것은 하나님의 확고부동하고 구체적인 깰 수 없는 약속이다. 성경에 등장하는 기도에 대한 몇 가지 부정적인 말씀은 일반적인 법칙의 예외들인데, 그런 말씀이 거의 없다는 점에서 도전적이며 예외적인 강조이기도 하다. 그러니까 기도의 응답은 엄청난 진리이며 무한한 정도로 폭넓고 한없이 깊고 다함이 없을 정도로 충만하여 하나님은 진정으로 기도하는 모든 진실한 영혼의 기도에 확실히 응답해 주신다.

하나님은 이렇게 말씀하지 않으신다. "나를 부르라. 그러면 그에 따라서 너희는 거절되는 법을 아는 행복한 기술을 훈련받게 될 것이다. 구하라. 그러면 너희는 아무것도 얻지 못함으로써 달콤한 인내를 배우게 될 것이다." 오, 하나님의 약속은 그와는 전혀 다르다. 오히려 명확하고 분명하고 긍정적이다.

"구하라. 그러면 너희에게 주실 것이요 찾으라. 그러면 찾아낼 것이요 문을 두드리라. 그러면 너희에게 열릴 것이니"(마 7:7, 눅 11:9).

우리는 구약성경에 등장하는 많은 사례 가운데서 이와 같은 경우를 만나게 된다.

"야베스가 이스라엘 하나님께 아뢰어 이르되 주께서 내게 복을 주시려거든 나의 지역을 넓히시고 주의 손으로 나를 도우사 나로 환난을 벗어나 내게 근심이 없게 하옵소서 하였더니 하나님이 그가 구하는 것을 허락하셨더라"(대상 4:10).

그러니까 하나님은 야베스가 구하는 것에 대해 지체 없이 허락해주셨다. 또한 한나는 아이가 없었기에 영혼에 근심하여 기도의 집에 자주 들러 사내아이 낳기를 위해 간절히 부르짖었다. 그러자 하나님은 한나에게 바로 응답해주셨다. 이것이 한나가 받은 응답의 내용이다.

"이 아이를 위하여 내가 기도하였더니 내가 구하여 기도한 바를 여호와께서 내게 허락하신지라"(삼상 1:27).

하나님의 약속과 목적은 구한 것을 허락해주신다는 사실로 직접 나아간다. 우리의 기도에 대한 응답은 우리에게 기도하도록 격려하고 이와 같은 영적인 훈련을 재촉하기 위해 성경에서 끊임없이 제시하는 동기이다. 다음과 같이 명확하고 강력한 말씀을 믿음으로 취하기 바란다.

"너는 내게 부르짖으라. 내가 네게 응답하겠고 네가 알지 못하는 크고 은밀한 일을 네게 보이리라"(렘 33:3).

"구하라. 그러면 너희에게 주실 것이요 찾으라. 그러면 찾아낼 것이요 문을 두드리라. 그러면 너희에게 열릴 것이니"(마 7:7, 눅 11:9).

이것이 바로 예수님의 기도 법칙이다. 예수님은 이렇게 말씀하지 않으셨다.
"구하라. 그러면 무엇인가를 너희에게 줄 것이다."
또한 이렇게 말씀하지도 않으셨다.
"구하라. 그러면 신앙심을 훈련받게 될 것이다."
그리고 이렇게 말씀하지도 않으셨다.
"두드리라. 그러면 어떤 문이든 열릴 것이다."
오히려 예수님은 당신이 기도할 때 열심히 구한 바로 그것을 받게 될 것이며, 당신이 두드리는 바로 그 문이 열리게 될 것이라고 말씀하셨다. 이것을 이중으로 확실하게 하려고 예수님은 응답에 관한 약속을 두 번씩이나 되풀이하여 말씀하셨다.

"구하는 이마다 받을 것이요 찾는 이는 찾아낼 것이요 두드리는 이에게는 열릴 것이니라"(마 7:8).

응답받은 기도는 사랑의 샘물이며, 직접 기도하도록 격려하는 손짓이다.

"여호와께서 내 음성과 내 간구를 들으시므로 내가 그를 사랑하는도다. 그의 귀를 내게 기울이셨으므로 내가 평생에 기도하리로다"(시 116:1-2).

아버지가 확실히 주신다는 것은 아버지와 맺은 관계를 통해, 아버지의 능력과 선하심을 통해 보장된다. 그 능력과 선하심에서 허약하고 견고하지 못하며 한계가 있는 이 세상의 부모들도 자기 아이가 구하고 찾을 때는 곧바로 후하게 베풀어준다. 부모의 마음은 떡을 달라는 부르짖음에 가장 쉽게 반응한다. 아이의 배고픔은 고스란히 아버지의 마음에 와닿아 관심을 기울일 수밖에 없게 만든다.

그러므로 하늘에 계신 우리 하나님 아버지는 이 세상 아버지만큼이나 쉽고 강하게 우리의 기도에 움직이신다.

"너희가 악한 자라도 좋은 것으로 자식에게 줄 줄 알거든 하물며 하늘에 계신 너희 아버지께서 구하는 자에게 좋은 것으로 주시지 않겠느냐"(마 7:11).

'하물며' 란 인간의 그것을 훨씬 뛰어넘는 하나님의 선하심, 온유하심, 능력에 걸맞게 더 많은 것을 주신다는 뜻이다.

그리고 구하는 것이 구체적이라면 응답 역시 구체적으로 주신다고 말씀하신다. 아이가 이것을 구하면 저것으로 받지 않는다. 그 아이가 떡을 달라고 울부짖었는데 돌을 얻지 않는다. 그 아이가 달걀을 달라고 요청했는데 전갈을 받지는 않는다. 그 아이가 생선을 달라고 구했는데 뱀을 얻지는 않는다. 오히려 그리스도는 구체적으로 구하라고 요청하신다. 그분은 구체적으로 주심으로써 구체적인 기도에 반응하신다. 다른 어떤 것이 아니라 기도한 그대로 허락해주시는 것은 그리스도의 기도 법칙에서 기본이다. 앞을 보지 못하는 눈을 고쳐 달라는 기도에 우리 주님이 듣지 못하는 귀를 고쳐주시는 것으로 응답하신 적은 단 한 번도 없다. 우리 주님은 기도한 그대로 바로 그것을 허락해주셨다.

이에 대한 예외는 오히려 이와 같은 거대한 기도의 법칙을 확인시켜줄 뿐이다. 떡을 구한 사람은 떡을 받지 돌을 받지 않는다. 생선을 구한 사람은 생선을 받지 뱀을 받지 않는다. 아이가 젖을 달라고 울부짖는 것보다 더 강력하게 탄원하는 울음소리는 없다. 배고픔에 따른 열망, 욕구를 느끼는 것, 필요를 실현하는 것, 이 모든 것은 그 아이를 울부짖게 만들고 그렇게 몰아간다. 우리의 기도는 젖을 달라고 울부짖는 배고픈 아이처럼 간절하고 궁핍하고 굶주려야 한다. 예수님의 기도 법칙과 하나님의 아버지 되심에 관한 그분의 가르침에 따라 우리의 기도는 그처럼 단순하고 순박하고 직접적이고 구체적이어야 한다.

기도의 법칙에 대한 구체적인 예시와 실행은 어떤 기도에 대해 허락하시는 구체적인 응답에서 찾아볼 수 있다. 그런데 겟세마네 동산에서의 기도는 겉으로 보기에는 유일한 예외인 것처럼 보인다. 어둠과 지옥에 처한 그런 끔찍한 시간에 올려드린 예수 그리스도의 기도는 다음과 같은 말씀을 전제 조건으로 삼고 있었다.

"아버지여 만일 아버지의 뜻이거든 이 잔을 내게서 옮기시옵소서"(눅 22:42).

그러나 우리 주님의 이러한 토로를 넘어서는 것은 "내 원대로 마시옵고 아버지의 원대로 되기를 원하나이다"(눅 22:42)처럼 기꺼운 마음으로 고통을 당하면서 거룩한 희생을 감수하겠다는 생명의 기도였다. 이 기도는 응답받았고 능력을 부여받았다. 예수님은 온유한 모습으로 침묵하는 가운데 묵묵히 고난을 감당하셔서 쓴잔을 마셨다.

응답받지 못한 기도에 관한 두 가지 경우가 우리 주님의 겟세마

네 기도에 더하여 성경에 기록되어 있다. 그 첫 번째는 자기가 낳은 어린 아기의 생명을 구해 달라는 다윗의 기도였는데, 전능하신 하나님은 여러 가지 합당한 이유로 그와 같은 요청을 허락하지 않으셨다. 두 번째는 육체의 가시를 제거해달라는 바울의 기도였는데, 결과적으로 그 기도 역시 거부되었다. 그러나 우리는 이러한 사례들을 하나님의 법칙에 대한 예외로서 주목할 필요가 있다. 선지자, 제사장, 사도와 성도들의 역사에서 구체적으로 예증되고 신성한 말씀에서 기록된 것과 마찬가지로 말이다. 거기에는 구체적으로 기도한 것을 기꺼이 허락해 주심으로써 기도에 응답하시는 하나님의 확정된 법칙에서 방향을 바꾸도록 그분을 움직이게 만든 계시되지 않은 이유가 틀림없이 있을 것이다.

우리 주님은 수로보니게 여인의 믿음을 시험하여 성숙하게 만들려고 응답받지 못하는 기도 학교에다 그 여인을 붙잡아 두지 않았으며, 또한 그 남편을 고치거나 구원함으로써 그 여인의 기도에 응답하지도 않으셨다. 오직 그 여인은 자기 딸을 고쳐 달라고 요청하였으며 그리스도는 그 여인의 딸을 치유해주셨다. 그 여인은 우리 주 예수 그리스도에게 요청한 바로 그것을 응답받았다. 우리 주님이 그 여인의 믿음을 훈련하여 온전하게 하신 것은 응답받는 기도 학교에서였으며 그것은 그 여인의 기도에 구체적인 응답을 허락하심으로써 가능했다. 그 여인의 기도는 자기 딸에게 초점이 맞추어져 있었다. 그 여인은 오직 한 가지, 자기 딸아이의 치유를 위해 기도했다. 그리하여 우리 주님의 응답도 그와 마찬가지로 그 딸에게 온전히 초점을 맞추어 치유해주셨다.

우리는 크고 소중한 하나님의 약속을 너무 지나칠 정도로 조심스럽게 취급한 나머지, 오히려 너무나 자주 그 약속을 통째로 무시하는 경향이 있다. 그 약속들은 하나님께 구하는 과정에서 우리의 믿음이 서 있어야 할 중요한 토대이다. 또한 이것은 기도의 기초 가운데 하나이다. 그런데 우리는 하나님의 능력을 우리의 생각으로 제한하려고 한다. 우리는 인간의 기준으로 기도에 응답하시는 하나님의 능력과 기꺼운 마음을 측량하려고 한다. 우리는 이스라엘의 거룩하신 분을 제한하려고 한다.

그러나 야고보서 5장에서 우리에게 제시하신 약속들은 고통받는 인류에게 얼마나 충만한 자비와 치유책이란 말인가! 그 약속들은 기도하는 가운데 하나님을 얼마나 인격적으로 중재하시는 분으로 만든단 말인가! 그 약속들은 우리의 믿음에 대한 직접적인 도전이다. 그 약속들은 우리가 하나님께 기도하는 모든 요청에서 큰 기대를 하도록 격려하고 있다.

"너희 중에 고난당하는 자가 있느냐 그는 기도할 것이요 즐거워하는 자가 있느냐 그는 찬송할지니라. 너희 중에 병든 자가 있느냐. 그는 교회의 장로들을 청할 것이요 그들은 주의 이름으로 기름을 바르며 그를 위하여 기도할지니라. 믿음의 기도는 병든 자를 구원하리니 주께서 그를 일으키시리라. 혹시 죄를 범하였을지라도 사하심을 받으리라. 그러므로 너희 죄를 서로 고백하며 병이 낫기를 위하여 서로 기도하라. 의인의 간구는 역사하는 힘이 큼이니라. 엘리야는 우리와 성정이 같은 사람이로되 그가 비가 오지 않기를 간절히 기도한즉 삼 년 육 개월 동안 땅에 비가 오지 아니하고 다시 기도하니 하늘이 비를 주고 땅이 열매를 맺었느니라"(약 5:13-18).

이처럼 기도는 하나님에게 직접적인 방식으로 영향을 미치며 다른 한편으로 하나님에게 영향을 미치지 않겠다는 목표와 목적도 갖고 있다. 기도는 하나님을 단단히 붙잡는 것이며 그것이 개인적이든 관계적이든, 일시적이든 영적이든, 이 세상에 속한 것이든 하늘에 속한 것이든 간에 우리를 위해 큰일을 행하시도록 하나님을 설득하고 유도하는 것이다.

기도에 대한 성경의 약속과 실제로 기도를 통해 흘러들어오는 것 사이의 거대한 간격은 이루 다 말할 수 없을 정도로 크고 엄청나서 오히려 많은 불신앙을 낳는 원인으로 작용하기도 한다. 그것은 거대한 도덕적인 힘과 마찬가지로 기도에 대한 불신앙을 낳아서 기도의 능력에 대한 실제적인 의심을 초래한다. 기독교는 다른 어떤 것보다 오늘 필요하며 기도하는 가운데 하나님을 시험하면서 그분의 약속을 입증할 수 있는 믿음의 사람들이 필요하다.

세상에서 이처럼 행복한 날이 시작될 때 그것은 이 지구상에서 가장 찬란하게 빛나는 날이 될 것이며 이 땅에서 천국의 여명이 밝아오는 날이 될 것이다. 이것이 바로 오늘날과 같은 시대에 교회에서 필요한 믿음의 사람들이다. 어느 시대에나 필요한 사람은 교양 있는 지식인이 아니었다. 어느 때나 요구되는 것은 더 많은 돈이 아니었다. 더 많은 기계 장비나 더 많은 조직이나 더 많은 성례전 규례가 아니었다. 교회에 필요한 것은 기도하는 법을 알고 있으며 기도하는 가운데 하나님을 단단히 붙잡고 있으며 이 땅으로 하나님을 모시고 내려와 그분을 움직여 이 땅의 일들을 강력하게 붙잡으시도록 교회와 교회의 모든 조직에 생명과 능력을 불어넣도록 하는 믿음의 사람들이다.

교회와 세상은 실제로 기도생활을 영위하는 것과 매우 적은 숫자의 기도 응답을 받는 것 사이의 엄청난 간격을 연결해 줄 수 있는 성도가 절실히 필요하다. 그런 성도에게는 하나님을 시험할 정도로 충분히 담대하고도 충분히 멀리까지 영향을 미치는 믿음이 필요하다. 그 부르짖음은 천국에서부터 오늘날 이 시대의 교회에 속한 사람에게 이르기까지, 심지어 지금 이 순간에도 터져 나온다. 그와 같은 소리가 말라기 시대에도 터져 나온 것과 마찬가지로 말이다.

"만군의 여호와가 이르노라. 너희의 온전한 십일조를 창고에 들여 나의 집에 양식이 있게 하고 그것으로 나를 시험하여 내가 하늘 문을 열고 너희에게 복을 쌓을 곳이 없도록 붓지 아니하나 보라"(말 3:10).

하나님은 그분의 백성이 기도하는 가운데 자신을 시험하기를 기다리고 계신다. 그분의 약속에 담긴 신뢰성을 입증하기 위해 기도에 응답하는 것은 하나님의 가장 고상한 기쁨이다. 이런 일이 이루어질 때까지 하나님께 가치 있는 어떤 것이나 사람에게 매우 귀중한 어떤 것도 성취되지 못할 것이다.

우리의 복음은 기적적인 일에 속한다. 그것은 기적적인 국면으로 내던져졌다. 그것은 초자연적인 존재로 말미암아 유지될 수밖에 없다. 우리의 거룩한 신앙에서 초자연적인 것을 제거해 보라. 그러면 거기에서 생명과 능력이 떠나가고 우리의 신앙은 단순한 도덕규범으로 전락해 버리고 말 것이다. 기적적인 일은 거룩한 신적인 능력이다. 기도에는 이와 같은 능력이 있다. 기도는 이와 같은 신성한 능력을 사람들 속으로 가지고 들어와 그 힘을 발휘하게 만든다. 기도는 초자연적인 요소를 이 세상 속으로 가지고 들어온다.

제대로 제시될 때 우리의 복음은 하나님의 능력이다. 전능하신 하나님을 시험할 수 있고 시험하려는 사람이 교회에서 지금보다 더 많이 필요했던 적은 없었다. 하나님의 초자연적인 능력을 기념하여, 기도의 응답을 기념하여, 성취된 약속을 기념하여 곳곳에서 일어날 수 있는 사람들이 지금보다 더 절실히 교회에 필요했던 적은 없었다. 이것이야말로 복음을 성공적으로 전하려고 시도하는 어떤 그럴 듯한 계획보다 우리 영혼의 대적, 하나님의 원수, 교회의 반대자들을 침묵시키는 데 있어 더 많은 일을 할 것이다. 기도하는 사람이 세운 그와 같은 기념비들은 하나님의 원수가 말문이 막히게 할 것이며 연약한 성도들을 강하게 할 것이며 강한 성도들에게 더욱 커다란 승리의 환희로 채워줄 것이다.

불신앙을 키우는 가장 커다란 원천, 기도에 해악을 끼치고 기도를 방해하는 원천은, 그리고 하나님의 존재와 영광을 가장 효과적으로 가리는 원천은 바로 응답받지 못하는 기도이다. 아무런 응답도 보장되지 않고 하나님의 영광을 전혀 가져오지 못하며 사람에게 아무런 유익도 제공하지 못하는 무미건조하고 죽은 형식을 그냥 아무 생각 없이 답습하는 기도 말이다. 차라리 이런 기도보다 아예 기도하지 않는 편이 훨씬 더 낫다. 이와 같은 종류의 응답 없는 기도보다 더 우리 마음을 굳게 하며 눈에 보이지 않는 영원한 것들을 보지 못하게 하는 것은 아무것도 없다.

"다시 기도하니 하늘이 비를 주고 땅이 열매를 맺었느니라" (약 5:18).

P·a·r·t·05

응답에 나타난 하나님의 섭리를 깨달으라

C·H·A·P·T·E·R·13
강한 믿음은 즉각적인 응답의 기적을 불러온다

우리 주 예수 그리스도의 지상 생애는 그분의 영원한 생명에 비추어 볼 때 어떤 단순한 삽화나 일종의 막간극 정도가 아니었다. 이 땅에서 그분의 모습이나 행적은 비정상이나 일탈이 아니라 매우 특징적으로 나타났다. 이 땅에서 그분의 모습이나 행적은 단지 천국에서의 그분 모습과 행적에 대한 그림과 형상에 지나지 않는다. 그분은 '어제나 오늘이나 영원토록 동일' 하시다. 이와 같은 진술은 영원한 일치를 이루어 절대 변하지 않는 그분의 성품에 대한 신성한 요약이라 할 수 있다. 예수님의 지상 생애는 주로 기도로 점철된 삶이셨으며 천국에서의 사역 역시 그와 같은 신성한 일에 헌신 된 삶이셨다. 실제로 구약성경은 기도를 듣고 응답하시는 하나님에 대한 기록이다.

신약성경에서 그리스도의 기적은 객관적인 교훈을 담고 있다. 그 기적들은 살아 있는 그림이다. 그것은 우리에게 생생한 이야기를 들려준다. 거기에는 우리를 단단히 붙잡고 있는 손이 있다. 이러한 기적은 수많은 귀중한 교훈을 우리에게 가르쳐준다. 그것은 우리에게 예수 그리스도의 비길 데 없는 능력을 보여주며 고통당하는 인류를 향한 그분의 기적적인 연민을 우리에게 밝혀준다. 이러한 기적들은 그분의 운행하심을 끊임없이 다양하게 만들어내는 그분의 능력을 우리에게 드러내 준다.

사람들에게 역사하시는 하나님의 방법은 경우마다 모두 같게 나타나지 않는다. 하나님은 딱딱하고 상투적인 방법으로 그분의 은혜를 집행하지 않으신다. 하나님은 한없이 다양한 방법으로 사역하신다. 그분의 운행하심에는 기적 같은 다양성이 있다. 하나님은 그분의 피조물을 모두 똑같은 모양으로 만들어내지 않으셨다. 그와 마찬가지로 우리 주님 역시 자신의 일하심에 어떤 한계를 정하거나 이런저런 본보기에 구속받지 않으신다. 예수님은 독립적으로 일하신다. 예수님은 자신의 건축가시다. 예수님은 다양성에서 아무런 제한을 받지 않고 자신의 양상을 계속해서 변화시키신다.

우리 주님의 사역에서 기적들을 곰곰이 생각해 볼 때 우리는 상당히 많은 기적이 조건 없이 실행되었다는 사실을 발견하게 된다. 거룩한 기록이 보여주는 한에서는 그러한 기적에 수반되는 어떤 전제 조건도 없었다. 기적을 베풀어달라고 누구에게도 요청받지 않았지만 하나님께 영광을 돌리고 자신의 영광과 능력을 드러내기 위해서 예수님은 다양한 형태의 기적을 행하셨다.

예수님의 강력한 역사하심 가운데 상당수는 그분의 인애하신 연민과 그분의 능력이 요청하는 바에 따라 실행되었다. 그러나 그러한 기적 가운데 많은 부분은 기도의 응답으로 말미암아 그분이 행하신 것이다. 그 가운데 일부는 괴로움을 당하는 사람의 개인적인 기도에 응답하여 실행하셨고, 다른 기적은 그처럼 괴로움을 당하는 사람의 친구들이 올려드리는 기도에 응답하여 행하셨다.

기도에 응답하여 실행되었던 그러한 기적은 기도의 용도에 관하여 매우 교훈적이고 유익하였다. 이러한 조건적인 기적에서 믿음은 가장 중요한 부분이며 기도는 믿음의 대리자이다. 예수님이 능력을 행하시는 기초가 되는 조건이나 그 능력이 흘러가는 통로로서 믿음의 중요성을 잘 보여주는 예화가 우리에게 있다. 바로 별다른 성과를 거두지 못한 나사렛 방문 사건이다. 여기에 그 사건에 대한 기록이 있다.

"거기서는 아무 권능도 행하실 수 없어 다만 소수의 병자에게 안수하여 고치실뿐이었고 그들이 믿지 않음을 이상히 여기셨더라" (막 6:5-6).

예수님이 기도함으로써 죽은 자를 다시 일으키시고 보지 못하는 사람의 눈을 뜨게 하시며 문둥병자를 고쳐주셨지만, 이 모든 기적이 나사렛 주민에게는 별로 소용없는 일이었다. 아무리 많은 성과가 있을지라도 믿음이 없다면 하나님의 능력이 발휘되지 못하도록 가로막는 것이며 그리스도의 팔을 무력하게 만드는 것이며 온갖 생명의 신호를 죽음으로 뒤바꿔 놓을 뿐이다. 전능하신 하나님이 강하게 역사하시는 것을 심각하게 방해하는 한 가지가 바로 불신앙이다. 이와 같은 나사렛 방문에 대해 기록하면서 마태는 이렇게 말한다.

"그들이 믿지 않음으로 말미암아 거기서 많은 능력을 행하지 아니하시니라"(마 13:58).

믿음이 없는 모습은 사람들 사이에서 일하시는 전능하신 하나님의 손을 묶어버린다. 왜냐하면 예수님의 기도는 항상 믿음에 기초하고 믿음으로 지지가 되고 믿음으로 인해 깊숙이 스며들기 때문이다.
우리 주님이 지상에서 사역하실 때 일어난 기적 중의 기적, 곧 죽은 나사로를 다시 살리신 사건은 이런 기도에 기초한 것이기에 더욱 놀라운 사건이었다. 그것은 바알 선지자들과 엘리야 선지자 사이에 벌어진 싸움 이후에 일어난 사건으로 사실상 기도 논쟁이었다. 그것은 단지 도움을 요청하는 기도가 아니었다. 그것은 감사의 기도였으며 우리 믿음에 확신을 불어넣는 기도였다. 이런 의미가 담긴 다음과 같은 말씀을 한 번 읽어보자.

"예수께서 눈을 들어 우러러 보시고 이르시되 아버지여 내 말을 들으신 것을 감사하나이다. 항상 내 말을 들으시는 줄을 내가 알았나이다. 그러나 이 말씀 하옵는 것은 둘러선 무리를 위함이니 곧 아버지께서 나를 보내신 것을 그들로 믿게 하려 함이니이다" (요 11:41-42).

하나님이 예수님의 기도에 응답하셨기 때문에 하나님이 예수님과 함께 계신다는 사실을 사람들이 알 수 있게 하는 것은, 그리고 하나님을 믿는 믿음이 각 사람의 마음속에서 빛날 수 있도록 하는 것은 다름 아닌 그 자리에 함께했던 사람들의 유익을 위해 올려드리는 우리 주님의 기도였다.

응답받는 기도는 때때로 가장 설득력 있는 웅변이며 믿음을 일으키는 힘이 된다. 응답받지 못하는 기도는 공기를 냉랭하게 만들고 믿음의 토양을 꽁꽁 얼어붙게 만든다. 만약 그리스도인이 자기 기도에 대한 응답을 얻기 위해, 곧 하나님으로부터 명백하고 즉각적이고 분명히 입증할 수 있는 응답을 받기 위해 기도하는 법을 알았더라면 우리 믿음은 훨씬 더 폭넓게 퍼져나갔을 것이며, 훨씬 더 일반적으로 되었을 것이고, 훨씬 더 심오해졌을 것이며, 이 세상에서 훨씬 더 강력한 힘을 갖게 되었을 것이다.

예수님이 백부장의 하인을 고치신 기적은 우리에게 믿음과 중보 기도에 관한 귀중한 교훈을 가르쳐준다. 이 로마 백부장의 믿음에 나타난 단순함과 능력은 정말 놀라울 정도이다. 왜냐하면 이 백부장은 자신의 요청이 응답받기 위해 예수님이 직접 자기 집까지 오실 필요 없이 "다만 말씀으로만 하옵소서 그러면 내 하인이 낫겠사옵나이다"(마 8:8)라는 지금까지 듣지도 보지도 못한 믿음을 보였기 때문이다. 그러자 예수님은 "들으시고 놀랍게 여겨 따르는 자들에게 이르시되 내가 진실로 너희에게 이르노니 이스라엘 중 아무에게서도 이만한 믿음을 보지 못하였노라"(마 8:10)고 말씀하시면서 이 백부장의 믿음을 칭찬하셨다. 이 백부장의 기도는 강한 믿음의 표현이었으며 그러한 믿음은 즉각적인 응답을 가져왔다.

또한 우리는 자기의 딸 때문에 예수님께로 나아온 수로보니게 여인의 기도를 통해 백부장의 기도와 같은 매우 귀중한 교훈을 얻게 된다. 여기서 그 여인은 자기 딸의 아픔을 자신의 아픔으로 승화시켜 "주여 저를 도우소서"(마 15:25)라고 간청하고 있다. 여기에는 계속해서 붙잡고 늘어지며, 자기 문제를 해결해 달라고 집요하게 조르는, 거부당할 것을 바라지 않는 끈질긴 믿음이 도사리고 있다. 이것은 중보기도와 그에 따른 유익을 아주 잘 보여주는 강력한 사례이다. 우리 주님은 잠깐 그 여인의 요청을 들어주시지 않는 것처럼 보였지만, 마침내 그 요청을 받아들이는 동시에 그 여인의 강한 믿음을 기꺼이 인정해주셨다.

"여자여 네 믿음이 크도다. 네 소원대로 되리라 하시니 그 때로부터 그의 딸이 나으니라"(마 15:28).

다른 사람을 비롯해서 더욱 커다란 유익을 위해 기도하는 것에 대한 이 얼마나 놀라운 교훈이란 말인가!

이처럼 고난을 겪었던 사람이 스스로 중보하는 개별적인 사례는 얼마든지 열거할 수 있으며 고난을 겪은 사람의 울부짖음에 응답하신 예수님의 사역에 대한 구체적인 예증 또한 얼마든지 나열할 수 있다. 우리가 복음 전도자들의 기록을 읽어보면 각 장이 기도 응답으로 역사하신 예수님의 기적에 대한 생생한 기록으로 환하게 빛나는 것을 알 수 있다. 그와 동시에 거룩하게 정해진 은혜의 수단을 활용하여 성취된 아름답고 놀라운 일을 얼마든지 보여준다.

그리고 만약 구약시대로 돌아가 본다고 하더라도 우리에게는 기도 응답으로 인한 기적의 사례가 전혀 부족하지 않다. 그러한 시대의 성도들은 위대한 일을 행하시도록 하나님을 움직이는 기도의 능력에 매우 정통해 있었다. 기도하는 사람의 호소를 받았을 때는 심지어 자연의 법칙도 전능하신 하나님을 방해하지 못했다.

바로에게서 이스라엘 백성을 해방시켜 하나님을 섬길 수 있도록 하려는 가운데 엄청난 자연 재앙이 연속적으로 이집트 전역을 휩쓸었을 때 모세의 호소는 얼마나 놀라운 기록이란 말인가! 이러한 재앙들이 하나씩 차례대로 이집트를 휩쓸고 지나가자 바로는 모세에게 소리쳤다.

"바로가 모세와 아론을 급히 불러 이르되 내가 너희의 하나님 여호와와 너희에게 죄를 지었으니 바라건대 이번만 나의 죄를 용서하고 너희의 하나님 여호와께 구하여 이 죽음만은 내게서 떠나게 하라"(출 10:16-17).

그리하여 이 재앙 자체도 기적이었던 것과 마찬가지로 기도는 전능하신 하나님으로 말미암아 재앙이 임했던 것만큼이나 신속하게 다시 이집트를 떠나가게 하였다. 이러한 파괴적인 대리자를 이집트로 보냈던 동일한 손이 재앙을 없애 달라는 하나님의 종 모세의 기도로 말미암아 즉각적으로 움직였다. 그러니까 기도 응답으로 재앙이 사라진 것은 첫 번째 경우에 재앙을 보내셨던 것과 마찬가지로 거룩한 하나님의 능력을 놀랍게 보여주신 것이다. 기도 응답으로 재앙이 물러가게 하신 것은 재앙 자체만큼이나 하나님의 존재와 그분의 능력에 관해 많은 것을 보여주기 위한 것이었다. 그것들은 다름 아닌 기도의 기적이었다.

구약시대를 따라 줄곧 내려오면서 우리는 이러한 기도의 기적을 계속 목격하게 된다. 기도하는 하나님의 종들은 기도가 기적적인 결과를 가져오며 이 세상사에서 초자연적인 일을 일으킨다는 사실을 털끝만큼도 의심하지 않았다. 기도와 그러한 기적은 서로 협력 관계에 있었다. 그 둘은 친한 길벗이었다. 그 하나는 원인이요, 다른 하나는 결과였다. 그 하나가 다른 하나를 존재하게 했다. 그 기적은 하나님이 기도를 들으시고 응답하신다는 증거였다. 그 기적은 하늘에 계신 하나님이 사람을 도와주기 위해 세상일에 개입하시며 기도의 응답을 통해 그분의 목적을 성취하실 필요가 있다면 초자연적으로라도 일하신다는 신적인 논증을 보여주는 것이었다.

우리는 초대교회 시절을 지나면서 기도의 기적에 관해 그와 같은 신성한 기록을 만나게 된다. 욥바에서 다비다라는 충성된 여제자가 죽었다는 슬픈 소식이 베드로에게 전해졌다. 그러면서 베드로에게 욥바로 급히 와 달라는 청이었다. 베드로는 곧바로 욥바로 길을 재촉했다. 욥바에 도착한 베드로는 모든 사람을 방에서 나가게 한 뒤 무릎을 꿇고 기도하면서 믿음으로 외쳤다. "다비다야 일어나라!" (행 9:40). 그러자 다비다는 눈을 뜨고 일어나 앉았다. 베드로 편에서는 단지 무릎 꿇고 기도했을 뿐인데 이처럼 놀라운 일이 벌어진 것이다. 베드로의 기도는 다비다의 생명을 구원하여 그녀가 세상에서 하나님의 일을 더 많이 감당하게 하였다.

사도 바울은 재판받기 위해 로마로 압송되는 중에 난파당해 멜리데라는 섬으로 떠내려가게 되었다. 그 섬에는 보블리오라는 추장이 있었는데, 이 추장의 연로한 아버지는 피를 토하는 이질에 걸려 심각하게 앓고 있었다. 바울은 이 노인에게 손을 얹고 기도해주었고 하나님은 이 아픈 노인을 고쳐주셨다. 기도로 말미암아 원하는 일이 응답받게 된 것이다. 이 놀라운 기도 응답은 하나님이 자연의 법칙에 개입하셔서 바울 일행을 멜리데라는 섬으로 보내셔서 행하신 기적이었다. 그런데 이러한 이방 사람 사이에서 이루어진 기도 응답은 우주를 다스리는 초자연적인 능력이 자신들에게도 작용하고 있다는 사실을 확신하게 했다. 실제로 이것이 너무나 생생하여 그 섬사람들은 초자연적인 존재가 자기들에게 임했다고 생각하게 되었다.

헤롯은 사도 야고보를 칼로 죽인 이후에 베드로를 감옥에 집어넣었다. 아직 초창기라서 어렸던 교회는 굉장히 많이 우려하기는 했지만, 그렇다고 용기를 잃고 낙담하거나 불필요한 초조함이나 염려에 빠져들지는 않았다. 그 제자들은 벌써 자기들의 도움이 어디에서 오는지 성령 충만함으로 기도할 때 어떤 결과가 오는지 기도학교에서 철저히 배웠기 때문이다.

"이에 베드로는 옥에 갇혔고 교회는 그를 위하여 간절히 하나님께 기도하더라"(행 12:5).

그러자 하나님은 그분의 종들에게 개입하셨다. 빠른 날개를 단 천사들이 베드로를 구하러 왔으며 놀랍고도 초자연적인 방법으로 잠겼던 옥문이 열리고 베드로는 풀려나게 되었다. 자물쇠와 옥문과 적대적인 왕도 베드로를 위해 기도하는 울부짖음을 막을 수는 없었다. 하나님은 약속을 성취하고 그분의 계획을 진척시키는 데 필요하다면 그 백성들을 위해 그 어떤 기적이라도 행하실 것이다. 이와 같은 일이 일어난 이후에 '기도의 기적'이라고 이름 붙일 만한 일들을 통해 하나님 말씀이 다양한 기도의 응답을 구체적으로 설명하고 확장하고 확인하게 된다.

좁은 문을 지나고 나면 얼마나 넓은 대로가 펼쳐지는지 모른다! 하나님은 삼손에게 거대한 능력을 부어주심으로써 매우 조잡한 무기인 나귀 턱뼈로 천여 명의 적군을 무찌르는 놀라운 일을 행하셨다. 그 후 삼손은 이상할 정도로 목이 말랐는데도 바로 그 순간에는 마실 물을 전혀 찾을 수가 없었다. 그래서 마치 목이 말라 죽어버릴 것만 같았다. 그렇다면 삼손은 나귀 턱뼈로 천여 명을 죽일 수는 있었어도 스스로 갈증에서 벗어날 수는 없었단 말인가? 그것은 삼손이 하나님을 찾고 하나님께 기도하게 하기 위한 하나님의 뜻이었다.

"삼손이 심히 목이 말라 여호와께 부르짖어 이르되 주께서 종의 손을 통하여 이 큰 구원을 베푸셨사오나 내가 이제 목말라 죽어서 할례받지 못한 자들의 손에 떨어지겠나이다 하니 하나님이 레히에서 한 우묵한 곳을 터뜨리시니 거기서 물이 솟아나오는지라. 삼손이 그것을 마시고 정신이 회복되어 소생하니 그러므로 그 샘 이름을 엔학고레라 불렀으며 그 샘이 오늘까지 레히에 있더라"(삿 15:18-19).

하나님은 삼손에게 나귀 턱뼈로도 승리를 안겨주실 수 있었을 뿐만 아니라 그것을 통해 물이 솟아나게 하실 수 있었다. 하나님은 대적에 치명타를 안긴 무기를 사용하여 그분의 종에게 생명을 주는 도구로 충분히 바꾸실 수 있었다. 하나님은 대적을 멸하기 위해 기적을 일으키기보다는 차라리 그분의 친구들을 구원하기 위한 기도 응답으로 기적을 일으키신다. 그러나 하나님은 기도 응답으로 둘 다를 기꺼이 행하신다.

자연의 모든 힘은 하나님의 통제 아래 있다. 하나님은 세상을 창조하여 법칙 아래 두신 다음 저 뒤로 물러나 계시지 않는다. 그러니까 그분은 창조하신 지적인 피조물의 복지와 상관없이 각자 자신의 운명을 헤쳐나가도록 가만히 내버려 두시지 않는다. 자연의 법칙 역시 하나님의 법칙이며 그에 따라 하나님은 세상 만물을 다스리고 통제하신다. 자연은 단지 하나님의 종일뿐이다. 하나님은 구속사에서 그분의 더 고상한 목적을 성취하기 위해 자연의 법칙을 정지시킬 수 있고 그분의 전능하신 손으로 자연의 법칙을 붙잡을 수 있으며 한동안 자연의 법칙을 옆으로 제쳐둘 수도 있다. 이것은 하나님이 뜻을 품기만 하면 당연히 그렇게 하실 수 있는 사실이다.

    기도 응답으로 자연이 하나님의 계획과 목적을 수행할 때 그것은 자연의 법칙을 어기는 게 아니다. 왜냐하면 하나님은 자연을 다스리는 창조주이시기 때문이다. 여호수아가 하나님의 능력으로 해와 달을 멈추게 하여 이스라엘의 대적들을 물리쳤을 때 이것은 하나님이 자연의 법칙을 기도 응답으로 사용하신 한 사례이다. 이처럼 하나님은 자연의 하나님일 뿐만 아니라 기도의 하나님이시다. 기도와 자연 둘 다를 만들고 다스리고 실행하시는 분이 바로 하나님이시다. 또한 자연이 하나님의 종인 것과 마찬가지로 기도 역시 하나님의 종이다.

    하나님의 다스림 안에 있는 기도의 힘은 다른 어떤 힘보다 더 강하며 다른 모든 자연적인 힘은 기도의 힘 앞에서 물러나야 한다. 해, 달, 별은 모두 기도 응답으로 하나님의 통제 아래 있다. 비, 햇빛, 가뭄 역시 하나님의 뜻에 순종한다. "불과 우박, 눈과 증기, 폭풍도 하나님의 말씀을 성취한다"(시 148:8 참조). 질병과 건강도 하나님의 다스림을 받는다. 하늘과 땅에 있는 모든 만물은 천지를 창조하신 그분의 뜻에 따라 절대적인 통제 아래 있다.

기도는 사람들 사이에서 여전히 기적을 일으키고 위대한 일이 생겨나게 만든다. 사도 야고보가 "의인의 간구는 역사하는 힘이 큼이니라"(약 5:16)고 야고보서에 기록했을 때와 마찬가지로 그것은 지금도 사실이다. 그리고 영원에 대한 기록이 우리에게 읽힐 때 얼마나 많은 기도가 이 세상에서 역사해 왔는지를 속속들이 드러내게 될 것이다. 지금까지 성취되었으며 지금도 계속해서 성취되고 있는 모든 것과 비교할 때 오늘날에는 기도의 열매가 거의 보이지 않는 것처럼 느껴진다. 그러나 하나님이 최후의 심판 날에 성도들의 기도를 통해 이 세상에서 일어나게 하신 일들을 밝히 드러내실 것이다. 지금은 당연하게 받아들여지는 수많은 일이 그때에는 주님의 기도하는 자들 덕분에 일어났었다는 사실이 밝히 드러나게 될 것이다.

영국 브리스톨에서 일어났던 조지 뮬러의 사역은 19세기의 기적이었다. 그 이야기는 조지 뮬러가 기도를 통해 이룩했던 모든 일을 밝히 드러내기 위하여 마지막 심판 날에 생명책의 서두를 차지하게 될 것이다. 이 경건한 사람 뮬러는 부모 없는 수백 명의 아이를 돌보는 고아원을 운영하기 위해 누구에게도 후원을 요청하지 않았다. 뮬러는 항상 꼭 필요한 것들을 하나님께 구하는 삶을 살았으며 뮬러에게 임한 응답들은 마치 사도 시대의 기록인 것 같았다. 조지 뮬러는 모든 것을 달라고 기도하였으며 모든 필요를 채우시는 하나님을 절대적으로 신뢰하였다. 이런 믿음이 있었기에 뮬러와 고아들에게는 어떤 것도 전혀 부족하지 않았다.

우리 주 예수 그리스도와 고통받는 고아들을 위해 너무나 많은 일을 했던 거룩한 사람에 대해 그 무덤의 묘비에는 이렇게 새겨져 있다.

"조지 뮬러는 병원 담장이 든든히 세워지도록 기도하였으며 간호사들의 마음을 위해 기도하였다. 또한 선교본부가 생겨나도록, 선교사들의 믿음이 강해지도록 기도하였다. 그리고 부자들의 마음을 열어 달라고 가장 멀리 떨어진 나라에서도 후원이 이어지도록 기도하였다."

종교개혁자 마틴 루터는 그리스도인의 사역과 관련해서 이렇게 말했다.

"그리스도인의 본업은 기도하는 것이다."

아주 커다란 이유로, 확실히 그리스도인뿐만 아니라 설교자의 본업도 기도하는 것이 되어야 한다. 우리는 수많은 설교자가 이처럼 기도하는 본업에 대해 전혀 모르고 있으며 그리하여 이 본업에서 결코 성공을 거두지 못하고 있다는 사실을 심각하게 우려해야 한다. 기도라는 본업에 대한 엄격한 도제과정은 기도의 장인이 되기 위해서는 반드시 진행되어야 한다. 이처럼 기도하는 본업을 제대로 살리고 있는 장인은 거의 없다는 게 사실이며 수많은 사람이 아예 기도의 도제과정을 거치지도 않는 것도 사실이다. 그러다 보니 그들을 통해서는 거의 아무 일도 이루어지지 않고 있다. 하나님과 초자연적인 존재들은 그 사람들의 삶에서 떠났기 때문이다.

기도에 대해서 제대로 배워본 적이 없으며 제대로 실행하지도 못하기 때문에 수많은 사람이 이와 같은 기도라는 본업을 제대로 이해하지 못한다. 그러나 수많은 기적이 우리의 기도를 통해 이루어져야 한다. 당연히 그래야 하지 않겠는가? 주님의 팔이 너무 짧아서 구원하실 수 없기라도 하단 말인가? 그분의 귀가 너무 어두워져서 들을 수 없기라도 하단 말인가? 온 세상에 불법과 부정이 가득하고 수많은 사람의 사랑이 싸늘하게 식었기 때문에 기도가 능력을 잃기라도 했단 말인가? 하나님이 예전 모습에서 바뀌기라도 하셨단 말인가?

이 모든 질문에 대해서 기도의 기적을 지켜본 우리는 매우 긍정적인 감정을 갖게 될 것이다. 하나님은 옛 시절에 그러셨던 것처럼 오늘날에도 기도를 통해 쉽게 기적을 일으키실 것이다.

"이스라엘의 지존자는 거짓이나 변개함이 없으시니 그는 사람이 아니시므로 결코 변개하지 않으심이니이다"(삼상 15:29).

"그는 살아 계시는 하나님이시요 영원히 변하지 않으실 이시며 그의 나라는 멸망하지 아니할 것이요 그의 권세는 무궁할 것이며 그는 구원도 하시며 건져내기도 하시며 하늘에서든지 땅에서든지 이적과 기사를 행하시는 이"(단 6:26-27)시다. "나 여호와는 변하지 아니하나니"(말 3:6). "여호와께 능하지 못한 일이 있겠느냐"(창 18:14).

기도로 말미암아 기적을 행하시는 분은 무엇보다도 먼저 자기 영광을 위해 가장 커다란 기적을 행하실 것이다. 오, 우리가 그리스도인의 기도하는 본업을 충분히 이해하여 날마다 이 본업을 따름으로써 하나님의 영광과 우리 자신을 위해 거대한 영적인 부를 쌓을 수 있게 하소서!

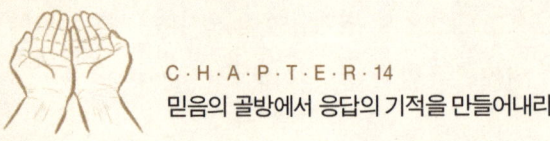

CHAPTER 14
믿음의 골방에서 응답의 기적을 만들어내라

하나님과 마귀, 선과 악, 천국과 지옥 사이의 무시무시한 싸움에서 기도는 사탄을 이기고 죄악을 정복하며 지옥을 무너뜨리기 위한 강력한 무기이다. 오직 기도하는 지도자만이 이토록 무시무시한 전투에서 승리를 거두고 의지할 만한 사람이다. 오직 기도하는 사람만이 최전선에 투입될 수 있다. 이들이야말로 온갖 악한 세력들과 성공적으로 싸울 수 있는 유일한 부류다.

모든 성도의 기도는 온갖 어둠의 세력과 맞서 싸우기 위한 영구적인 힘이다. 이러한 기도는 세상과 육신과 마귀를 이기도록 도와주는 강력한 에너지이며 악을 이겨내고 사탄의 역사에 맞서 승리를 거두기 위한 하나님의 움직임에 대해 그 운명을 결정짓는 강력한 에너지이다. 그렇다. 하나님의 움직임을 결정짓는 특성과 에너지는 기도에 있다. 승리는 기도하는 막바지에 반드시 찾아온다.

하나님의 능력을 보여주는 이적은 오직 기도로 말미암아 계속해서 살아 있고 생생하게 존재하며 되풀이하여 일어난다. 그러나 하나님은 지금 이 세상에서 아주 분명히 나타나지도 않으시며 옛날처럼 아주 전능한 모습을 보여주지도 않으신다. 그것은 단지 기적들이 지나갔기 때문이 아니며 하나님이 일하시기를 멈추었기 때문도 아니다. 오직 기도가 그 단순함과 위엄과 능력을 상실했기 때문이다. 하나님은 여전히 살아계시며 바로 그 하나님이 살아계셔서 행하시는 한 기적도 여전히 살아 있다. 기적은 하나님의 행동 양식이기 때문이다.

하나님을 믿는 신앙이 그분의 능력에 대한 의심이나 두려움으로 말미암아 움츠러들게 됨으로써 심하게 흔들릴 때 기도는 위축되고 시들며 굳어지게 된다. 믿음이 먼발치에서 하나님을 바라보게 될 때 기도는 아무런 기적을 일으키지 않으며 아무런 놀라운 구원의 사건도 생겨나지 않는다. 그러나 가까운 믿음의 골방에서 생생한 눈으로 하나님을 바라보게 될 때 기도는 기적의 역사를 만들어낸다.

하나님에 대해서 생각하라. 믿음의 지평을 넓히고 가득 채울 때까지 하나님을 소중히 모시라. 그러면 기도는 놀라운 이적의 기업을 물려받게 할 것이다. 하나님의 목적이 기도로 말미암아 바뀌며 하나님의 복수가 기도로 말미암아 보류되고 하나님의 형벌이 기도로 말미암아 면제된다는 사실을 기억할 때 우리는 기도로 말미암아 일어나는 놀라운 일을 목격하게 된다. 인간을 다루시는 하나님의 총체적인 영역은 기도로 말미암아 영향을 받는다. 여기에 점점 더 많이 활용되어야 하는 힘이 있는데 그것은 바로 기도의 힘, 곧 우리 인생의 모든 사건이 거기에 순복해야 하는 힘이다.

쉬지 말고 기도하는 것, 범사에 기도하는 것, 어디서나 기도하는 것, 이러한 지속성에 대한 명령은 끊임없는 기도의 에너지, 다함 없는 기도의 여러 가지 가능성, 정확한 기도의 필요성을 표현하는 것이다. 기도는 모든 것을 할 수 있다. 또한 기도는 모든 것을 해야 한다.

> 기도는 가장 단순한 언어 형태라서
> 아무리 어린아이라도 입을 뗄 수 있으며
> 기도는 저 하늘 높이 계신 존전에까지
> 다다를 수 있는 가장 장엄한 선율이다.

기도는 무엇을 달라고 하나님께 구하는 것이며, 특히 하나님이 약속하신 무언가를 달라고 구하는 것이다. 기도는 우리에게 필요한 것을 얻기 위해, 그리고 하나님이 이 세상에서 행하려고 의도하시는 것을 성취하기 위해 거룩하게 정해두신 수단을 활용하는 것이다.

하나님이 베풀겠다고 계획하신 축복을
전해주기 위해 정해진 방법이 바로 기도이다.
이 세상에 살아 있는 한 그리스도인은 기도해야 한다.
이 세상에 살면서 가장 먼저 기도하는 법을 배워야 한다.

기도는 우리에게 꼭 필요하며 오직 하나님만이 베푸실 수 있고 오직 기도를 통해서만 우리에게 전달되는 축복을 가져다준다. 가장 폭넓고 충만한 모습으로 기도의 여러 가지 가능성은 그와 같은 기도의 본성 안에서 발견되어야 한다. 이와 같은 기도의 섬김은 어떤 단순한 의식도 우리가 거쳐 가야 할 예전도 일종의 행위나 관례도 아니다. 기도는 필요하고 바라는 것을 달라고 그냥 하나님께로 나아가는 것이다. 기도는 구하기만 하면 하나님이 그대로 행하겠다고 약속하신 것을 우리에게 해달라고 단순히 구하는 것이다.

응답은 기도의 일부이며 기도 중에 하나님이 감당하실 몫이다. 구하는 것이 인간의 몫이라면 베푸는 것은 하나님의 몫이다. 실제로 기도하는 것은 인간에게 속한 것이다. 그러나 그 기도에 응답하는 것은 하나님께 속한 영역이다. 우리는 간청을 올려드리고 하나님은 그에 대해 응답해주신다. 이와 같은 간청과 응답이 기도를 구성한다. 우리가 간청을 드리는 것보다 더 쉽게, 기꺼이, 열망하는 마음으로 하나님은 응답을 베풀어주신다. 기도의 여러 가지 가능성은 거대한 것을 구하는 인간의 능력과 거대한 것을 베푸시는 하나님의 능력에 달려 있다.

기도에 대한 하나님의 유일한 조건과 제한은 기도하는 사람의 성품 안에서 찾을 수 있다. 우리의 믿음과 기도의 분량은 하나님이 주시는 분량이다. 우리 주님이 앞을 못 보는 사람들에게 "너희 믿음대로 되라"(마 9:29)고 말씀하신 것처럼 기도에서도 그와 마찬가지로 '여러분이 구하는 분량만큼' 이루어질 것이다. 하나님은 기도에 따라 응답의 분량을 헤아리신다. 하나님은 기도 응답의 분량에 관해서 기도의 법칙에 따라 제한받으신다. 그러니까 기도의 분량에 따라서 응답의 분량도 정해지는 것이다.

만약 기도하는 사람이 기도를 보장하는 여러 특성을 간직하고 있다면 그 기도의 가능성에는 아무런 제한이 없다. 그 가능성이 '무엇이든지 원하는 대로' 된다고 선포하고 있기 때문이다. 여기에는 성품이나 종류, 범위나 조건에서 아무런 제한이 없다. 기도하는 사람은 무엇이든지 모든 것을 기도할 수 있으며, 그러면 하나님은 무엇이든지 모든 것을 주실 것이다. 그러나 만일 우리가 구하는 데 있어서 하나님을 제한한다면 하나님도 베풀어주시는 데서 제한하실 것이다.

하나님은 미리 앞을 내다보시고 말씀을 통해 이렇게 선포하셨다. 마지막 날에는 이적 중에서도 너무나 커다란 이적이 일어나는 바람에, 생명이 있는 것이든 생명이 없는 것이든 간에 모든 것이 그분의 능력으로 말미암아 새로운 활기를 띠게 될 것이라고 말이다.

"보라. 내가 새 하늘과 새 땅을 창조하나니 이전 것은 기억되거나 마음에 생각나지 아니할 것이라. 너희는 내가 창조하는 것으로 말미암아 영원히 기뻐하며 즐거워할지니라. 보라. 내가 예루살렘을 즐거운 성으로 창조하며 그 백성을 기쁨으로 삼고 내가 예루살렘을 즐거워하며 나의 백성을 기뻐하리니 우는 소리와 부르짖는 소리가 그 가운데에서 다시는 들리지 아니할 것이며 거기는 날 수가 많지 못하여 죽는 어린이와 수한이 차지 못한 노인이 다시는 없을 것이라. 곧 백 세에 죽는 자를 젊은이라 하겠고 백 세가 못 되어 죽는 자는 저주받은 자이리라. 그들이 가옥을 건축하고 그 안에 살겠고 포도나무를 심고 열매를 먹을 것이며 그들이 건축한 데에 타인이 살지 아니할 것이며 그들이 심은 것을 타인이 먹지 아니하리니 이는 내 백성의 수한이 나무의 수한과 같겠고 내가 택한 자가 그 손으로 일한 것을 길이 누릴 것이며 그들의 수고가 헛되지 않겠고 그들이 생산한 것이 재난을 당하지 아니하리니 그들은 여호와의 복된 자의 자손이요 그들의 후손도 그들과 같을 것임이라. 그들이 부르기 전에 내가 응답하겠고 그들이 말을 마치기 전에 내가 들을 것이며 이리와 어린 양이 함께 먹을 것이며 사자가 소처럼 짚을 먹을 것이며 뱀은 흙을 양식으로 삼을 것이니 나의 성산에서는 해함도 없겠고 상함도 없으리라. 여호와께서 말씀하시니라"(사 65:17-25).

그러나 하나님이 이렇게 강력하게 역사하시는 날, 그분이 장엄하게 이적을 일으키는 능력을 드러내시는 날은 장엄한 기도의 날이 될 것이다. "그들이 부르기 전에 내가 응답하겠고 그들이 말을 마치기 전에 내가 들을 것이다." 지금까지 쭉 그런 일들이 계속해서 진행됐다. 하나님이 놀라운 기적을 일으키시는 시대는 늘 놀라운 기적을 일으키는 기도의 시대가 되었다. 그와 같은 시대의 주요한 섬김과 두드러진 점은 바로 기도였다.

"또 여호와와 연합하여 그를 섬기며 여호와의 이름을 사랑하며 그의 종이 되며 안식일을 지켜 더럽히지 아니하며 나의 언약을 굳게 지키는 이방인마다 내가 곧 그들을 나의 성산으로 인도하여 기도하는 내 집에서 그들을 기쁘게 할 것이며 그들의 번제와 희생을 나의 제단에서 기꺼이 받게 되리니 이는 내 집은 만민이 기도하는 집이라 일컬음이 될 것임이라. 이스라엘의 쫓겨난 자를 모으시는 주 여호와가 말하노니 내가 이미 모은 백성 외에 또 모아 그에게 속하게 하리라 하셨느니라"(사 56:6-8).

이것은 온갖 찬란한 의식 아래서도 사실이었으며, 유대교 예배 아래서 벌어지는 예전의 행렬 역시 기도의 행위이기도 했다. 희생제사, 헌물, 속죄하는 피에는 모두 기도가 스며들어 있었다. 하나님의 집을 가득 채웠던 번제의 연기와 향기로운 예물은 단지 기도의 불꽃에 지나지 않았으며 하나님의 백성은 모두 자신의 기도 제단에서 섬기기 위해 기름 부음 받은 제사장이 되어야 했다. 그러니까 모든 일이 강력한 기도로 이루어져야 했는데, 강력한 기도는 강력한 믿음의 소산이자 영감이었기 때문이다. 그런데 이제 더욱 단순히 복음을 섬기는 과정에서 채택하는 모든 방법과 관련하여 그것은 훨씬 더 사실로 드러났다.

자연의 행로, 행성의 움직임, 구름도 기도의 영향력에 순복하였으며 하나님도 기도의 강력한 에너지 아래서 태양과 계절의 질서를 바꾸거나 멈추기도 하셨다. 이와 같은 기도라는 거룩한 수단을 통해 여호수아가 태양과 달을 가만히 서 있도록 하여 아모리 족속의 군대와 맞서 싸우는 전투에서 이스라엘 군대에 더욱 완벽한 승리를 안겨줄 수 있었던 놀라운 사건을 주목하기 바란다. 우리에게 기도의 능력을 다시 한번 상기시켜줄 것이다.

만약 하나님 말씀을 그대로 믿는 사람이라면 기도가 하나님께 영향을 미칠 뿐만 아니라 매우 강하게 영향을 미친다는 사실을, 기도가 효력을 발휘할 뿐만 아니라 강력하게 효력을 발휘한다는 사실을 반드시 믿어야 한다. 하나님 안에 이적이 있으므로 기도에도 이적이 있다. 그러나 기도 자체에 무슨 신비한 영향력이 있는 것은 아니다. 맹목적인 미신 행위도 아니다. 소위 마술적인 능력도 아니다.

오직 기도는 예수 그리스도의 이름으로 하나님 뜻에 맞게 어떤 것을 달라고 하나님께 알려드리는 것일 뿐이다. 기도는 단지 모든 것을 아시며 모든 것을 다스리시며 모든 일을 하실 수 있는 하나님 아버지께 우리의 기도 제목을 올려드리는 것일 뿐이다. 기도는 하나님의 지혜를 무작정 무한히 신뢰하는 것이다. 기도는 다함 없는 자원을 갖고 계신 하나님께 우리의 필요를 소리 높여 울부짖는 음성이다. 기도는 하늘에 계신 하나님 아버지의 말씀에 도저히 주체할 수 없을 만큼 어린아이 같은 커다란 확신을 두는 것이다. 기도는 우리에게 필요한 모든 것을 기도로 명령해 왔던 전능하신 하나님의 무한한 지혜, 능력, 부요함 등을 온전히 확신하는 마음을 단지 입으로 표현하는 것일 뿐이다.

우리는 기도의 능력에 있어서 은혜로운 시대의 온갖 은혜로운 결과가 도대체 어떻게 이 세상에 임하게 되는지를 하나님 말씀을 통해 배우게 된다. 하나님의 마음은 이렇게 그분의 백성을 축복할 것을 기대하면서 기쁨으로 가득 흘러넘쳤다. 하나님은 선지자 요엘의 입을 빌려 이렇게 말씀하셨다.

"땅이여 두려워하지 말고 기뻐하며 즐거워할지어다. 여호와께서 큰일을 행하셨음이로다. 들짐승들아 두려워하지 말지어다. 들의 풀이 싹이 나며 나무가 열매를 맺으며 무화과나무와 포도나무가 다 힘을 내는도다. 시온의 자녀들아 너희는 너희 하나님 여호와로 말미암아 기뻐하며 즐거워할지어다. 그가 너희를 위하여 비를 내리시되 이른 비를 너희에게 적당하게 주시리니 이른 비와 늦은 비가 예전과 같을 것이라. 마당에는 밀이 가득하고 독에는 새 포도주와 기름이 넘치리로다. 내가 전에 너희에게 보낸 큰 군대 곧 메뚜기와 느치와 황충과 팥중이가 먹은 햇수대로 너희에게 갚아 주리니 너희는 먹되 풍족히 먹고 너희에게 놀라운 일을 행하신 너희 하나님 여호와의 이름을 찬송할 것이라. 내 백성이 영원히 수치를 당하지 아니하리로다. 그런즉 내가 이스라엘 가운데에 있어 너희 하나님 여호와가 되고 다른 이가 없는 줄을 너희가 알 것이라. 내 백성이 영원히 수치를 당하지 아니하리로다"
(욜 2:21-27).

하나님이 그분의 백성에게 베풀어 주시겠다고 제안하는 것들이 얼마나 놀라운 물질적인 영역이란 말인가! 그런데 그것이 바로 하나님이 자기 백성에게 주겠다고 약속하신 이 세상의 놀라운 축복이다. 그것을 좀 더 세심하게 살펴보면 거의 우리 마음을 깜짝 놀라게 할 것이다. 그러나 하나님은 이 세상의 것에 대해서도 그분의 커다란 축복을 베푸시는 데 있어서 아무런 제한을 두지 않으신다. 하나님은 모든 시대를 두루 살펴보시면서 오순절을 예견하시고 성령을 부어 주시는 것에 관해 이처럼 지극히 크고 소중한 약속을 내놓으셨다. 이 약속에 이어 베드로는 다음과 같은 축복을 인용하고 있다.

"하나님이 말씀하시기를 말세에 내가 내 영을 모든 육체에 부어주리니 너희의 자녀들은 예언할 것이요 너희의 젊은이들은 환상을 보고 너희의 늙은이들은 꿈을 꾸리라. 그 때에 내가 내 영을 내 남종과 여종들에게 부어 주리니 그들이 예언할 것이요 또 내가 위로 하늘에서는 기사를 아래로 땅에서는 징조를 베풀리니 곧 피와 불과 연기로다. 주의 크고 영화로운 날이 이르기 전에 해가 변하여 어두워지고 달이 변하여 피가 되리라. 누구든지 주의 이름을 부르는 자는 구원을 받으리라 하였느니라"(행 2:17-21).

그러나 이러한 놀라운 일은 주권적인 권세자께서 그 백성에게 그냥 주시는 것도 무조건적으로 베풀어주시는 것도 아니다. 하나님의 백성이 이러한 영광스러운 결과를 보기 위해서는 무엇인가를 해야 한다. 금식과 기도는 그토록 커다란 축복을 받는 전제 조건으로써 매우 중요한 역할을 감당해야 한다. 이와 같은 선지자의 입을 통해 하나님은 이렇게 말씀하신다.

"여호와의 말씀에 너희는 이제라도 금식하고 울며 애통하고 마음을 다하여 내게로 돌아오라 하셨나니 너희는 옷을 찢지 말고 마음을 찢고 너희 하나님 여호와께로 돌아올지어다. 그는 은혜로우시며 자비로우시며 노하기를 더디하시며 인애가 크시사 뜻을 돌이켜 재앙을 내리지 아니하시나니 주께서 혹시 마음과 뜻을 돌이키시고 그 뒤에 복을 내리사 너희 하나님 여호와께 소제와 전제를 드리게 하지 아니하실는지 누가 알겠느냐. 너희는 시온에서 나팔을 불어 거룩한 금식일을 정하고 성회를 소집하라. 백성을 모아 그 모임을 거룩하게 하고 장로들을 모으며 어린이와 젖 먹는 자를 모으며 신랑을 그 방에서 나오게 하며 신부도 그 신방에서 나오게 하고 여호와를 섬기는 제사장들은 낭실과 제단 사이에서 울며 이르기를 여호와여 주의 백성을 불쌍히 여기소서. 주의 기업을 욕되게 하여 나라들로 그들을 관할하지 못하게 하옵소서. 어찌하여 이방인으로 그들의 하나님이 어디 있느냐 말하게 하겠나이까 할지어다. 그때에 여호와께서 자기의 땅을 극진히 사랑하시어 그의 백성을 불쌍히 여기실 것이라. 여호와께서 그들에게 응답하여 이르시기를 내가 너희에게 곡식과 새 포도주와 기름을 주리니 너희가 이로 말미암아 흡족하리라. 내가 다시는 너희가 나라들 가운데에서 욕을 당하지 않게 할 것이 며"(욜 2:12-19).

기도는 심지어 하나님의 임재가 영향을 미치는 만큼 그렇게 멀리까지 나아간다. 하나님은 어디든지 계시기에 기도도 어디까지든지 영향을 미칠 수 있다. 시편 139편을 읽어보라.

"내가 주의 영을 떠나 어디로 가며 주의 앞에서 어디로 피하리이까. 내가 하늘에 올라갈지라도 거기 계시며 스올에 내 자리를 펼지라도 거기 계시니이다. 내가 새벽 날개를 치며 바다 끝에 가서 거주할지라도 거기서도 주의 손이 나를 인도하시며 주의 오른손이 나를 붙드시리이다"(시 139:7-10).

이것은 기도의 하나님에 대하여 진실하게 말씀하는 것만큼이나 기도 자체에 대해서도 진실하게 말씀하는 것이다. 기도를 통해 죽음의 신비를 어느 정도 짐작할 수 있었으며 그 희생자들이 기도의 능력으로 말미암아 다시 살아날 수 있기도 했었다. 왜냐하면 하나님은 죽음을 다스리시며 하나님이 다스리는 곳이라면 어디든지 기도가 영향을 미치기 때문이다. 엘리사와 엘리야는 둘 다 기도를 통해 죽음의 세계에 쳐들어갔으며 기도의 능력으로 하나님의 권능을 주장하고 확립하기도 했다. 베드로는 기도를 통해 초대교회의 성도 도르가의 생명을 다시 살렸다. 바울이 밤중에 말씀을 전할 때 창문에 걸터앉아 듣다가 아래로 떨어져 죽은 유두고를 끌어안고 의심할 여지없이 기도의 능력을 발휘해 다시 살렸다.

우리 주님은 '무엇이든지 모든 것을'에 걸맞은 것으로서 멀리까지 영향을 미치는 기도의 여러 가지 가능성과 무한한 기도의 성격을 여러 차례에 걸쳐 매우 명확하게 선언하셨다. 기도의 조건은 그분과 인격적으로 연합하기까지 고양된다. 하나님을 영화롭게 하는 그와 같은 성공적인 기도는 최고의 자질과 충분한 숫자를 갖춘 일꾼들이 이 세상에서 하나님의 일을 밀고 나가도록 안전하게 보장해주는 조건이었다.

모든 좋은 것을 응답으로 주는 것은 그것을 달라고 구하는 것을 전제 조건으로 삼는다. 하나님의 자녀에게 성령을 주시는 것은 하나님의 자녀가 성령을 달라고 구하는 것을 기초로 삼는다. 이 땅에서 하나님의 뜻이 이루어지는 것은 오직 기도를 통해서만 확실하게 보장될 수 있다. 일용할 양식도 오직 기도를 통해서만 얻을 수 있으며 거룩히 구별될 수 있다. 경외감, 죄에 대한 용서, 악한 자들에게서 벗어나는 것, 유혹에서 벗어나는 것 등은 모두 기도하는 손에 달려 있다.

예수님이 산상수훈에서 그분의 기본적인 원리로 삼으신 가장 첫 번째로 중요한 토대는 바로 이 말씀에서 읽을 수 있다.

"심령이 가난한 자는 복이 있나니 천국이 그들의 것임이요"
(마 5:3).

기도는 내적인 필요를 따라오며 깊은 가난에 빠진 영의 표현이므로 '심령이 가난한 사람'은 어디에서 기도할 수 있으며 어디에서 기도해야 하는지를 명확히 알고 있다.

기도는 이 세상에서 무시무시한 힘을 발휘한다. 하나님의 명분은 기도 없이는 이 땅에서 조금도 움직이지 않으실 것이다. 그렇기에 참을 수 없을 정도로 몹시 도움이 되고 싶은 천사는 하늘에 계신 하나님의 보좌 주변에서 이 땅에 필요한 것을 움직이고 이 세상에서 하나님의 명분에 대한 움직임을 촉진하기 위해 기다리고 있다. 그러면서 모든 시대에 하나님의 성도가 올려드린 모든 기도를 모아 마치 아론이 향기로운 냄새로 기분을 좋게 만드는 연기와 향취로 사용했던 것처럼 하나님 앞에다 그것들을 모두 갖다 놓는다. 그 천사는 거룩한 기도의 제물을 공중에 온통 충만하게 만든 다음 불타오르는 듯한 몸통을 단단히 붙잡고 이 땅 위에 가득 쏟아붓는다.

그로 말미암은 놀라운 결과가 나타난다.

"천사가 향로를 가지고 제단의 불을 담아다가 땅에 쏟으매 우레와 음성과 번개와 지진이 나더라"(계 8:5).

그리하여 온 땅에 소동을 일으키는 이와 같은 힘이 얼마나 엄청나단 말인가? 그 대답은 이것이 하늘 보좌 주변을 맴돌던 천사가 쏟아낸, 그러한 기도를 감당하고 있는 '성도들의 기도'라는 것이다. 이 강력한 힘은 마치 세상에서 가장 강력한 다이너마이트 같은 기도이다.

기도의 이적을 보여주는 또 다른 사실은 참 선지자의 기도에 대한 응답으로 전능하신 하나님이 이루신 일이다. 슬프게도 하나님의 백성으로 이루어진 나라는 머리와 가슴과 생명에서 끔찍할 정도로 변절하였다. 그리하여 하나님의 사람 하나가 그 나라에 관한 굉장한 의미를 담은 끔찍한 메시지를 갖고 변절한 왕에게로 나아갔다.

"길르앗에 우거하는 자 중에 디셉 사람 엘리야가 아합에게 말하되 내가 섬기는 이스라엘의 하나님 여호와께서 살아 계심을 두고 맹세하노니 내 말이 없으면 수 년 동안 비도 이슬도 있지 아니하리라 하니라"(왕상 17:1).

그런데 도대체 어떻게 이 같은 강력한 힘이 구름을 붙잡아 두고 비가 내리지 않도록 봉해 두며 이슬을 붙잡고 있을 수 있단 말인가? 그와 같은 권위를 가지고 말하는 이 사람은 도대체 누구란 말인가? 이 땅에서 그렇게 할 수 있는 어떤 힘이 과연 존재하긴 한단 말인가? 단 하나, 바로 그 힘은 기도하는 선지자의 손에서 통제되는 기도이다. 기도로 하나님께 영향력을 행사하며 그리하여 감히 자연의 힘에 대해 그러한 권위를 갖게 된다. 그리하여 이 사람 엘리야는 그와 같은 엄청난 힘을 노련하게 사용할 수 있었다.

"엘리야는 우리와 성정이 같은 사람이로되 그가 비가 오지 않기를 간절히 기도한즉 삼 년 육 개월 동안 땅에 비가 오지 아니하고"(약 5:17).

그러나 이게 그 이야기의 전부는 아니다. 기도로 구름을 붙잡고 비를 내리지 않게 할 수 있었던 사람은 또한 그와 같은 강력한 기도의 힘으로 구름을 움직여 비를 내리게 할 수도 있었다.

"다시 기도하니 하늘이 비를 주고 땅이 열매를 맺었느니라"(약 5:18).

강력한 힘은 기도의 능력이다. 그 열매들은 아름답고 놀랍다. 기도의 사람으로 말미암아 놀라운 일이 일어나게 된다. 전능하신 손으로 말미암아 수많은 기도의 이적이 일어나게 된다. 기도로 이루어낸 성과에 대한 증거는 거의 우리를 깜짝 놀라게 만든다. 그것들은 우리의 믿음을 도전한다. 그것들은 기도하는 우리에게 기대감을 키워준다.

이와 같은 대략적인 요약으로부터 우리는 기도의 커다란 가능성과 긴급한 필요성에 대해 전체적인 개관을 얻게 된다. 우리는 어떻게 진정으로 기도하는 사람들의 손에다 하나님이 그분 자신을 내어 주시는지 깨닫게 된다. 기도를 듣고 응답하시는 하나님이 위대하시므로 기도의 이적 또한 위대하다. 기도하는 사람에게 위대하신 하나님이 내놓으시는 풍성한 약속이 위대하여서 이러한 이적 또한 위대한 것이다.

지금까지 우리는 멀리까지 영향을 미치는 기도의 여러 가지 가능성과 기도의 절대적인 필요성을 살펴보았다. 또한 우리 마음속에 이 주제를 더욱 명확하고 진실하고 강력하게 떠올리기 위해 앞서 논의한 세부 사항과 상세한 설명이 필요하다는 사실 역시 살펴보았다.

교회는 자신에게 맡겨진 일을 수행하는 데 있어서 기도의 엄청난 중요성에 대한 깊이 있는 확신이 그 어느 때보다 더욱 절실하다. 우리 주님이자 스승께서 교회에 주신 어렵고 섬세하고 책임감 있는 과업을 수행할 수 있으려면 교회에서 더 많은 기도와 더 나은 기도가 이루어져야 한다. 기도하지 않는 교회에게는 패배가 기다리고 있을 뿐이다. 많이 기도하는 교회에게는 확실한 성공이 뒤따르게 마련이다. 교회에 필요한, 절대 실패하지 않는 초자연적인 요소는 오직 기도를 통해서만 찾아온다.

이처럼 분주하고 부산한 시대에 하나님이 부르신 교회는 기도에 더 많은 시간을 할애해야 한다. 이처럼 피상적인 신앙을 드러내는 별생각 없고 우둔한 시대에는 기도와 관련하여 더 많은 생각을 해야 한다. 만약 교회가 주님의 힘으로 나아가면서 거룩한 하나님의 약속으로 말미암아 엄청난 교회의 유산으로 자리 잡게 된 이적을 행하려 한다면, 그게 이루어지도록 우리 마음과 영혼이 더 많이 기도하는 가운데 머물러 있어야 한다.

오, 살아계신 하나님의 성령이시여
온갖 은혜로 충만하신 분이시여
인간의 발길이 닿는 곳이라면 어디든지
우리처럼 변덕스러운 부류에게도 임하소서.

불처럼 타오르는 혀와 사랑하는 마음을 허락하소서.
화해의 말씀을 전하도록
위로부터 내려오는 능력과 기름 부으심으로 임하소서.

기쁨의 소리가 들리는 곳이라면 어디든지.

성경시대에 기도를 통해 이적을 행하시는 가운데 자주 그분의 능력을 보여주셨던 것과 마찬가지로 오늘날에도 하나님은 역시 기도 응답의 놀라운 증거들을 보여주신다. 오순절 이전에도 그랬던 것과 마찬가지로 끈질기고 지속적인 기도에 대한 응답으로, 오늘날에도 기도로 말미암아 사람들에게 성령을 부어주신다. 이처럼 기도의 이적은 여전히 멈추지 않고 계속 진행 중이다.

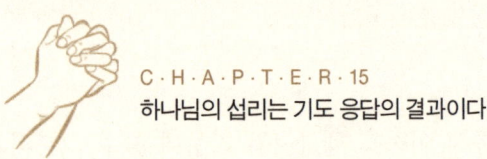

C·H·A·P·T·E·R·15
하나님의 섭리는 기도 응답의 결과이다

·
·

    기도와 거룩한 하나님의 섭리는 서로 밀접하게 관련되어 있다. 이 둘은 굉장히 가까운 친구 사이다. 이 둘을 분리하는 것은 거의 불가능하다. 이 둘이 너무나 친밀하게 연관되어 있어서 어느 하나를 부정하는 것은 다른 하나를 무너뜨리는 것이나 다름없다. 기도는 섭리를 전제하는 한편, 섭리는 기도의 결과이자 기도에 속한 것이다. 모든 기도 응답은 단지 인간의 일상사에 하나님이 섭리로 말미암아 개입하는 것일 뿐이다. 섭리는 기도하는 사람과 특별한 관계를 맺게 된다. 기도, 섭리, 성령은 삼위일체이며 서로 협력하는 가운데 완벽한 조화를 이루고 있다. 기도는 단지 기도하는 사람을 위해 개입해 달라고 성령을 통해 하나님께 간구하는 인간의 요청에 지나지 않는다.

섭리라는 말이 의미하는 바는 온 땅과 거기에서 벌어지는 모든 일에 대한 거룩하신 하나님의 초자연적인 개입이다. 섭리란 전능하신 하나님이 생명 있는 것이든 없는 것이든 지적인 존재든 그렇지 않은 존재든 간에 그분의 모든 피조물에게 필요한 것을 공급하시는 방식이다. 일단 하나님이 모든 인간의 창조자이자 보호자이신 것을 인정하는 동시에 그분이 지혜롭고 지적인 존재임을 인정한다면, 우리는 전능하신 하나님이 친히 창조하셨으며 계속 존재하도록 보호해 주시는 피조물에 대해 친히 주재하고 계신다고 논리적으로 결론을 내릴 수밖에 없다. 사실상 창조와 보존은 하나님이 주재하시는 섭리를 전제로 삼는다. 소위 신적인 섭리라고 불리는 것은 단지 전능하신 하나님이 가장 이로운 방식으로 온 세상을 다스리시며 인류의 유익을 위해 만물을 감독하시는 것에 지나지 않는다.

사람들은 '특별한 섭리'와 구분하여 '일반적인 섭리'에 관해 이야기한다. 그러나 특별한 섭리로 이루어지지 않고서는 어떤 일반적인 섭리도 있을 수 없다. 하나님의 편에서 일반적인 섭리는 모든 피조 세계, 동물과 다른 모든 것에 대한 특별하고 개별적인 감독을 전제로 삼는다.

하나님은 어디나 계시면서 인간의 지대한 관심을 끄는 모든 것을 보살피고 주재하고 감독하고 다스릴 뿐만 아니라 창조와 구속 사역에서 그분의 계획을 진척시키고 실행하신다. 그분은 부재하시는 하나님이 아니다. 하나님은 이미 존재하는 온갖 것으로 세상을 만드신 분이 아니다. 하나님은 소위 자연의 법칙에다 세상을 맡겨놓은 다음, 세상이나 그분의 법칙을 운행하는 것과는 아무런 상관도 없이 아무도 모르는 아주 은밀한 어딘가로 물러나 계신 분도 아니다. 하나님의 손은 항상 온 우주의 운전대를 붙잡고 계신다. 어떤 것도 그분의 통제 범위를 벗어나지 못한다. 우주에 존재하는 모든 존재, 그리고 그와 관련한 모든 일은 전능하신 하나님을 떠나 독립적으로 움직이지 못한다.

모든 섭리는 특별한 섭리이며 기도와 이러한 종류의 섭리는 나란히 움직인다. 하나님의 손은 만물에 뻗어 있다. 어떤 것도 그분의 능력 범위를 벗어나거나 그분의 눈길 아래로 숨을 수 없다. 하나님이 명하시지 않으면 어떤 일도 일어나지 않는다. 인간은 여전히 자유로운 행위자이기는 하지만 인간이 자유로운 존재이며 동시에 사탄이 온 땅에 두루 퍼져 있지만, 하나님은 인간의 유익과 그분의 영광을 위해 온 땅의 일을 감독하고 지배하고 계신다. 심지어 인간의 분노를 사용해서라도 하나님을 찬양할 수 있도록 섭리하실 수 있다. 우리는 이것을 잊지 말아야 하며, 이것을 기억할 때 우리에게 전능하신 하나님의 지혜가 밝히 드러나게 된다.

모든 지혜와 온전히 의로우신 하나님의 주재하심 아래서는 어떤 일도 우연히 벌어지지 않는다. 하나님의 도덕적이고 자연스러운 통치 안에서는 어떤 일도 우연히 발생하지 않는다. 하나님은 질서의 하나님, 법칙의 하나님이긴 하지만, 그분의 지적이고 구속받은 피조물에게 최대한 유익을 베풀어 주시려는 감독자이시다. 그러므로 하나님이 모르는 그 어떤 일도 일어나지 않는다.

모든 사방을 둘러보시는 하나님의 눈은
우리가 일어서고 앉아서 쉬는 것을
일일이 주목하여 살펴보신다.
우리가 공공연히 걸어 다니고 은밀하게 돌아다니는 길도
짐승들이 왕래하는 비밀 통로도 세심하게 바라보신다.

예수 그리스도는 다음과 같이 말씀하시면서 이 문제에 대해 일갈하신다.

"참새 두 마리가 한 앗사리온에 팔리지 않느냐. 그러나 너희 아버지께서 허락하지 아니하시면 그 하나도 땅에 떨어지지 아니하리라. 너희에게는 머리털까지 다 세신 바 되었나니 두려워하지 말라. 너희는 많은 참새보다 귀하니라. 누구든지 사람 앞에서 나를 시인하면 나도 하늘에 계신 내 아버지 앞에서 그를 시인할 것이요. 누구든지 사람 앞에서 나를 부인하면 나도 하늘에 계신 내 아버지 앞에서 그를 부인하리라"(마 10:29-33).

하나님은 세상을 다스리시지 않을 수 없는 분이다. 기도에 대한 가르침은 하나님을 직접 세상으로 불러들여, 이 세상에서 벌어지는 모든 일에 직접 개입하도록 하나님을 움직이게 만든다. 생명에 관한 섭리에서 전능하신 하나님을 배제하는 것은 기도 자체와 기도의 능력에 직접적인 타격을 가하는 것이다. 하나님의 동의 없이는 이 세상에서 어떤 일도 일어나지 않지만 그것은 하나님이 이 세상에서 발생하는 모든 일을 승인하거나 그 모든 일에 책임을 지신다는 의미가 아니다. 하나님은 죄를 만드신 분이 아니다.

때때로 "과연 하나님이 모든 것을 주관하고 계시는가?"라는 질문이 제기되기도 한다. 마치 하나님이 통치하시는 세상 바깥에 하나님이 주의를 기울일 수 없는 어떤 것이 있어서 그분이 거기에 관심을 두고 있지 않기라도 한 것처럼 말이다. 만약 하나님이 모든 것을 주관하고 계시지 않는다면 빌립보 교인들이 바울의 권면을 따라 기도하는 게 도대체 무슨 의미가 있단 말인가?

"아무것도 염려하지 말고 다만 모든 일에 기도와 간구로 너희 구할 것을 감사함으로 하나님께 아뢰라. 그리하면 모든 지각에 뛰어난 하나님의 평강이 그리스도 예수 안에서 너희 마음과 생각을 지키시리라"(빌 4:6-7).

하나님과 아무런 상관도 없는 어떤 일을 위해, 그리고 그런 일에 대해 우리가 기도하고 있어야 한단 말인가? 하나님이 모든 것을 주관하시지 않는다는 가르침을 따른다면 '모든 일에 기도와 간구로 너희 구할 것을 감사함으로 하나님께 아뢰어야' 할 때조차도 우리는 하나님의 세계 바깥에 머물러 있게 된다. 만약 그렇다면 모든 시대와 나라의 모든 성도에게 커다란 위안을 주는 놀라운 약속, 기도에 관한 약속이자 특별한 섭리를 받아들이는 약속과 관련하여 우리가 무엇을 할 수 있겠는가?

"이와 같이 성령도 우리의 연약함을 도우시나니 우리는 마땅히 기도할 바를 알지 못하나 오직 성령이 말할 수 없는 탄식으로 우리를 위하여 친히 간구하시느니라. 마음을 살피시는 이가 성령의 생각을 아시나니 이는 성령이 하나님의 뜻대로 성도를 위하여 간구하심이니라. 우리가 알거니와 하나님을 사랑하는 자 곧 그의 뜻대로 부르심을 입은 자들에게는 모든 것이 합력하여 선을 이루느니라"(롬 8:26-28).

만약 하나님이 모든 것을 주관하시지 않는다면 "하나님을 사랑하는 자 곧 그의 뜻대로 부르심을 입은 자들에게는 모든 것이 합력하여 선을 이루느니라"는 약속으로부터 우리가 도대체 무엇을 기대할 수 있단 말인가? 그리고 만약 하나님이 모든 것을 주관하시지 않는다면 그분의 섭리 안에서 우리가 기도해야 할 것들은 도대체 무엇이란 말인가?

그러나 우리는 성경으로부터 확증되는 이 약속을 하나의 명제로 세울 수 있다. 거기에는 분명한 토대가 있으며, 하나님의 동의 없이는 하나님의 성도가 살아가는 삶 속으로 절대 아무것도 침범하지 못한다는 사실이다. 무슨 일이 일어날 때 하나님은 항상 거기에 계신다. 하나님은 저 멀리 계시지 않는다. 참새 한 마리에게도 눈길을 주시는 하나님은 그분의 성도 역시 주목하고 계신다. 광대함으로 충만한 하나님의 임재는 그분의 성도가 있는 곳에 항상 거하신다. "내가 세상 끝날까지 너희와 항상 함께 있으리라"(마 28:20)는 말씀은 하나님의 모든 자녀를 향한 하나님 말씀이다.

"여호와의 천사가 주를 경외하는 자를 둘러 진 치고 그들을 건지시는도다"(시 34:7).

그러니까 하나님의 허락 없이는 어떤 것도 하나님을 경외하는 사람을 건드릴 수 없다. 주님의 군대를 이끄는 대장의 허락 없이는 어떤 것도 그 진영을 무너뜨릴 수 없다. 슬픔, 고통, 부족함, 문제, 심지어 죽음까지도 전능하신 하나님의 동의 없이는 이 거룩한 진으로 들어갈 수 없으며, 혹시 그럴 때라도 성도의 유익을 위해 그분의 계획 가운데 하나님이 그와 같은 사건을 사용하실 것이다. 이를 통해 하나님의 계획과 목적은 이루어진다.

> "그러나 이 모든 일에 우리를 사랑하시는 이로 말미암아 우리가 넉넉히 이기느니라. 내가 확신하노니 사망이나 생명이나 천사들이나 권세자들이나 현재 일이나 장래 일이나 능력이나 높음이나 깊음이나 다른 어떤 피조물이라도 우리를 우리 주 그리스도 예수 안에 있는 하나님의 사랑에서 끊을 수 없으리라"(롬 8:37-39).

이처럼 불쾌하고 괴롭고 악한 것들이 거룩한 하나님의 허락하심으로 우리에게 찾아올 수도 있지만, 비록 그럴 때라도 하나님은 그 자리에 함께 계시며 그분의 손이 그 모든 것을 붙잡고 계시며 그 모든 것이 그분의 계획 속으로 짜 맞추어지는 모습을 주목하고 계신다. 하나님은 자기 백성의 유익을 위해 그 모든 것을 다스리고 계시며 그 모든 것으로부터 궁극적으로 영원한 선이 이루어지게 하신다. 다른 수많은 것과 더불어 이러한 것은 사람의 자녀에 대한 그분의 통치를 실행하시는 전능하신 하나님의 훈련과정에 속해 있다.

하나님의 섭리는 기도의 세계와 마찬가지로 아주 먼 곳까지 오롯이 영향을 미친다. 그 섭리는 우리가 기도하는 모든 것과 관련을 맺는다. 하나님의 눈에는 그 어떤 것도 너무 작은 게 아니며, 그분의 관심과 돌봄을 받기에는 어떤 것도 너무 하찮은 게 없다. 하나님의 섭리는 심지어 성도들이 돌부리에 채여 비틀거리는 것과도 깊은 관련이 있다.

> "그가 너를 위하여 그의 천사들을 명령하사 네 모든 길에서 너를 지키게 하심이라. 그들이 그들의 손으로 너를 붙들어 발이 돌에 부딪히지 아니하게 하리로다"(시 91:11-12)

그리고 "참새 다섯 마리가 두 앗사리온에 팔리는 것이 아니냐. 그러나 하나님 앞에는 그 하나도 잊어버리시는 바 되지 아니하는도다"(눅 12:6)라고 참새에 관해 말씀하시는 우리 주님의 말씀을 다시 한번 읽어보기 바란다. 하나님의 돌보심은 지극히 작은 것에도 영향을 미치며 사람의 관심을 끄는 지극히 하찮은 문제와도 깊은 관련을 맺는다. 섭리하시는 하나님을 믿는 자는 자신에게 벌어지는 모든 일에서 하나님의 손길을 바라볼 준비가 되어 있으며 그 모든 것을 위해 기도할 수 있다.

섭리하시는 하나님을 신뢰하면서 기도하는 가운데 하나님께 모든 것을 내맡기는 성도는 거룩하신 하나님의 섭리에 담긴 신비를 일일이 다 설명할 수 있다. 그리고 범사에 하나님을 인정하는 기도자는 자신에게 생겨나는 모든 일에서 하나님을 바라볼 수 있다. 그리하여 갈릴리 바다에서 요한이 베드로에게 "저분은 바로 주님이시다"라고 고백했던 것처럼 즉각적으로 고백할 준비가 되어 있다.

　　기도하는 성도는 자신을 다루시는 하나님의 손길에 끼어들겠다고 생각하지도, 하나님의 섭리를 설명하겠다고 시도하지도 않는다. 대신 "너희의 두려움이 광풍같이 임하겠고 너희의 재앙이 폭풍같이 이르겠고 너희에게 근심과 슬픔이 임할"(잠 1:27) 때조차도 하나님을 믿겠다고, 빛 가운데서 뿐만 아니라 어둠 가운데서도 하나님을 신뢰하는 법을 배운다.

　　"비록 그분이 나를 죽일지라도 나는 여전히 그분을 신뢰하리라."

　　기도하는 성도들은 베드로에게 "내가 하는 것을 네가 지금은 알지 못하나 이 후에는 알리라"(요 13:7)고 선포하시는 예수님의 말씀을 신뢰한다. 기도하는 사람 말고는 어느 누구도 인생의 섭리 가운데 임하시는 하나님의 손길을 바라볼 수 없다.

"마음이 청결한 자는 복이 있나니 그들이 하나님을 볼 것임이요" (마 5:8).

이처럼 그분의 섭리 가운데서, 그분의 말씀 가운데서, 그분의 교회 가운데서 하나님을 볼 것이다. 이러한 사람이야말로 이 세상사에서 하나님을 몰아내지 않는 사람이며, 하나님이 자신의 세상사에 개입하고 계신다는 사실을 믿는 사람이다.

하나님의 섭리는 모든 사람에 대한 것이기도 하지만, 하나님의 통치에 대한 그분의 감독과 실행은 특히 그분의 백성이 보여주는 관심사에 관한 것이기도 하다. 기도는 하나님의 섭리가 실행되게 만든다. 기도는 하나님이 사람들의 유익을 위해 세상사를 감독하고 지시하도록 일하게 만든다. 기도는 닫혀 있거나 좁아 보일 때 그 길을 열어주거나 넓혀준다.

섭리는 이 세상의 일시적인 것을 더욱 특별하게 다룬다. 하나님의 섭리가 가장 밝게 빛을 비추고 가장 명확하게 나타나는 것은 바로 이 영역에서다. 섭리란 일상적인 의식주 문제, 업무나 사업상 어려운 일들, 이상하게 위험한 상황에 끼어 있거나 거기에서 벗어나는 것, 매우 적절하고 중요한 시기의 비상 상황에서 도와주는 것 등과 밀접하게 관련되어 있다.

40년 동안 광야생활에서 이스라엘 백성을 먹이신 것은 그분의 백성에게 필요한 이 세상의 필요를 돌보시는 하나님의 섭리를 구체적으로 보여주는 놀라운 사례이다. 하나님이 이스라엘 백성을 40년 동안 돌보신 일은 그와 같은 장기적인 순례에서 하나님이 어떻게 공급해주시는지를 생생하게 보여준다.

날마다 만나가 하늘에서 떨어졌으니
오, 이 교훈을 명심하도록 하세.
한결같은 자비하심으로 먹이셨으니
오, 주님! 저에게도 일용할 양식을 주옵소서.

날마다 성경에서 약속을 읽으니
일상의 필요를 채우는 힘을
날마다 허락해주소서.
불길한 두려움을 모두 떨쳐버리고
오늘의 만나를 취하게 하소서.

우리 주님은 그분의 백성을 먹이고 입히시는 섭리에 관한 교훈을 산상수훈에서 이렇게 말씀하셨다.

"그러므로 내가 너희에게 이르노니 목숨을 위하여 무엇을 먹을까 무엇을 마실까 몸을 위하여 무엇을 입을까 염려하지 말라. 목숨이 음식보다 중하지 아니하며 몸이 의복보다 중하지 아니하냐"(마 6:25).

그런 다음에는 곧바로 공중의 새를 먹이고 들의 백합화를 입히는 것이 하나님의 섭리라는 사실로 관심을 집중시키셨다. 그리고 하나님이 새와 꽃들을 위해 이 모든 일을 행하신다면 하물며 자기 백성을 돌보시지 않겠느냐고 되물으셨다.

이 모든 가르침은 이렇게 다스리시는 하나님의 섭리를 어린아이처럼 절대적으로 신뢰하는 게 필요하다는 결론에 도달하게 되는데, 그 섭리란 하나님이 이 세상에서 사람의 자녀에게 필요한 모든 것을 돌보시는 일이다. 그러므로 이 모든 가르침이 기도에 관해 말씀하시는 우리 주님의 말씀과 밀접하게 관련되어 있으며, 그런 까닭에 기도와 기도에 관한 약속을 거룩하게 감독하는 일과도 밀접하게 연결되어 있다.

우리는 그릿 시냇가로 보냄을 받은 엘리야의 경우를 통해 거룩하신 하나님의 섭리에 대해 매우 인상적인 교훈을 얻는다. 거기서 하나님은 실제로 까마귀를 이용하여 그분의 선지자를 먹이셨다. 여기서는 하나님의 간섭하심이 너무나 명확하게 나타나는 까닭에 하나님이 우리 인생에 필요한 이 세상의 일시적인 것으로부터 결코 배제될 수가 없다는 사실을 생생하게 가르쳐준다. 하나님은 그분의 종에게 먹을 것이 부족해지기도 전에 공중의 새들을 움직이셔서 그분의 선지자를 돌보셨다.

그런데 이게 전부가 아니었다. 그릿 시내가 말라붙었을 때 하나님은 엘리야를 어떤 가난한 과부에게 보냈는데, 이 착한 과부에게는 자신과 아들의 긴급한 필요를 겨우 채울 수 있을 정도의 끼니와 기름밖에 없었다. 그런데도 이 과부는 마지막 빵 한 조각을 엘리야에게 나누어주었다. 그 결과 무슨 기적이 일어났는지 아는가? 하나님의 섭리가 개입되었으며, 가뭄이 계속되는 동안에도 그 과부의 기름 병은 절대 마르지 않았다. 또한 양식 통에는 먹을거리가 한 번도 떨어지지 않았다(열왕기상 17장 참조).

구약성경은 자기 백성을 향한 전능하신 하나님의 공급하심에 관한 놀라운 사례들로 환하게 빛나고 있어서 하나님이 다스리시는 섭리를 명확하게 보여준다. 사실상 구약성경은 주로 특별한 사람을 다루시는 섭리에 관한 이야기이다. 그로 말미암아 사람들은 모든 세상의 필요가 채워지기를 기대하였는데, 그 섭리는 비상시에 그들을 도와주었으며 고난의 시기에 그들을 구해주었다.

하나님은 가장 괴롭고 슬픈 인생의 사건들 속에도 여전히 계신다. 그 모든 사건이 기도의 주제이며, 이것은 기도하는 자의 인생에 닥치는 모든 것이 하나님의 섭리 안에 있으며 하나님이 주재하시는 손길 안에 있다는 이유로 그렇다. 어떤 사람은 인생 가운데 슬프고 어려운 일에서 하나님을 배제하고 싶을 것이다. 그들은 우리에게 그러한 슬픔을 가져다주는 어떤 일에 대해서는 하나님이 아무런 상관도 하지 않으신다고 투덜댄다. 그들은 자녀의 죽음에 대해 하나님이 상관하지 않으신다고, 그 아이들이 자연적인 이유로 죽어갈 뿐이며 그건 단지 자연법칙의 역사일 뿐이라고 항변한다.

만약 그렇다면 하나님의 법칙이 아닌, 하나님이 세상을 다스리는 법칙이 아닌 자연법칙이 도대체 어디에 있단 말인가? 아무튼, 자연이란 도대체 무엇이란 말인가? 그리고 도대체 누가 자연을 만들었단 말인가? 하나님은 자연 위에 계시며 자연을 다스리시며 자연 안에 계신다는 사실을 알 필요가 얼마나 절실하단 말인가! 자연이나 자연의 법칙은 단지 이러한 법칙을 만드신 전능하신 하나님의 종에 지나지 않는다. 하나님이 친히 그 안에 계시며 그것들은 단지 하나님의 은혜로운 설계를 이루기 위한 거룩한 종에 지나지 않는다.

모든 자연은 그분의 은혜로운 목적을 실행하기 위해 만들어졌다는 사실을 명심할 필요가 있다. 섭리의 하나님, 그리스도인의 기도 대상인 하나님, 인간의 유익을 위해 그 자녀들 사이에 개입하시는 하나님은 자연 위에 계시며 자연에 속한 모든 것을 완벽하고 절대적으로 다스리고 계신다. 그러므로 어떤 자연법칙도 하나님이 동의하시지 않는다면, 하나님이 즉각적으로 거기에 계시지 않는다면 아주 작은 참새의 생명조차도 앗아갈 수 없다.

우리 삶 속에서 벌어지는 모든 사건 속에서
나는 얼마나 명확하게 주님의 다스리는 손길을 보는지요!
주님이 허락하시기 때문에
내 영혼에 임하는 축복은 저마다 가장 소중합니다.

CHAPTER 16
기도 응답과 하나님의 섭리는 믿음의 초석이다

-
-
-

하나님이 사람을 다루시는 데 있어서 두 가지 종류의 섭리, 곧 직접적인 섭리와 허용적인 섭리가 나타나게 된다. 하나님이 어떤 일은 친히 명하시며 다른 일은 그냥 허용하신다. 그러나 하나님이 성도의 삶에 고난의 시기가 찾아오도록 허락하실 때 비록 그것이 사악한 마음에서 출발하며 죄인의 행위라 할지라도, 그것이 하나님의 성도에게 들이닥쳐서 그들을 사로잡기 전에 먼저 그것은 각 성도에게 하나님의 섭리가 된다.

다시 말해 하나님은 이 세상에서 어떤 일이 일어나도록 승인하시는데, 그것에 대해 조금도 책임을 지지 않거나 그것을 시작하신 분이 좀 너그럽게 봐주시지 않는다면 그 가운데 많은 일은 매우 고통스럽게 다가올 것이다. 하지만 그러한 사건이나 일은 항상 하나님의 성도에게 하나님의 섭리로 자리 잡게 된다. 그리하여 성도들은 이처럼 슬프고도 괴로운 경험을 맛볼 때마다 "그 일을 하시는 분은 주님이시니 그분이 보시기에 좋은 일을 하도록 하자"고 고백할 수 있다. 또한 시편 기자와 더불어 그 사람은 이렇게 말할 수밖에 없을 것이다.

"내가 잠잠하고 입을 열지 아니함은 주께서 이를 행하신 까닭이니이다"(시 39:9).

이것이 바로 욥이 당한 모든 혹독한 고난에 대한 설명이다. 비록 그것을 궁리해 내고 실행에 옮긴 출발점은 사탄이었지만, 궁극적으로 그것은 하나님의 섭리로 욥에게 일어났다. 하나님은 사탄에게 욥을 괴롭히도록 허락하셨고 사탄은 욥의 자식과 재산을 모두 앗아가 버렸다. 그러나 욥은 이러한 일을 전적인 우연이나 사고로 돌리지 않았으며, 또한 사탄의 행위라고 탓하지도 않았다. 오히려 욥은 이렇게 말했다.

"내가 모태에서 알몸으로 나왔사온즉 또한 알몸이 그리로 돌아가올지라. 주신 이도 여호와시요 거두신 이도 여호와시오니 여호와의 이름이 찬송을 받으실지니이다"(욥 1:21).

욥은 이러한 일을 자신이 경외하고 섬기며 신뢰하는 하나님에게서 온 것으로 여겼다. 그리고 자기 아내가 이 문제에서 하나님을 배제시키면서 "하나님을 저주하고 죽어버리라"고 악담을 퍼부었을 때도 아내에 대한 욥의 대응은 이와 같은 취지였다. 이에 대해 욥은 이렇게 반응했다.

"그대의 말이 한 어리석은 여자의 말 같도다. 우리가 하나님께 복을 받았은즉 화도 받지 아니하겠느냐"(욥 2:10).

그리하여 하나님이 욥을 다루고 계신다는 그러한 관점 아래서 "이 모든 일에 욥이 입술로 범죄하지 아니하니라"(욥 2:10)고 이 사람의 믿음에 대해 기록하고 있다. 또한 다른 곳에서는 "이 모든 일에 욥이 범죄하지 아니하고 하나님을 향하여 원망하지 아니하니라"(욥 1:22)고 말씀하신다.

우리가 하나님과 인생사에 관한 어떤 것도 이 세상에 대한 하나님의 섭리를 함부로 무지하게 판단하는 것보다 더 어리석고 심지어 악하게 이야기하는 것이란 있을 수 없다. 아무리 고난과 궁핍이 지극히 혹독하더라도 거기에 섭리하시는 하나님의 손길을 바라보면서 그 과정에서 공공연히 하나님을 인정하는 욥과 같은 행동 양식을 우리는 모범으로 따라야 할 것이다.

이 모든 고통스러운 경험의 귀착점은 단지 바울의 친숙한 본문을 구체적으로 설명하는 사례에 지나지 않는다.

"우리가 알거니와 하나님을 사랑하는 자 곧 그의 뜻대로 부르심을 입은 자들에게는 모든 것이 합력하여 선을 이루느니라"(롬 8:28).

욥은 결국 자신이 빼앗긴 것보다 훨씬 더 많은 것을 되돌려 받았다. 욥은 엄청난 고난을 딛고 일어나 승리함으로써 오늘날까지도 하나님의 섭리를 강하게 신뢰한 믿음의 대표자요 본보기가 되었다.

"보라. 인내하는 자를 우리가 복되다 하나니 너희가 욥의 인내를 들었고 주께서 주신 결말을 보았거니와 주는 가장 자비하시고 긍휼히 여기시는 이시니라"(약 5:11)는 말씀이 거룩한 하나님의 계시라는 맥락에 따라 줄곧 울려 퍼지고 있다. 하나님은 사탄의 사악한 행위를 단단히 붙잡고 계셨으며, 그 가운데서도 그분의 계획에 따라 움직이고 계셨다. 그리하여 엄청난 유익이 일어나게 하셨다. 적어도 악을 승인하거나 묵인하지 않으신다면 하나님은 악을 선으로 바꾸기 위해 지금도 운행하고 계실 것이다.

우리는 요셉과 형들에 관한 이야기 속에서도 확실하게 증거되는 거룩한 하나님의 섭리를 접하게 된다. 그 형들은 사악한 방법으로 요셉을 이집트에다 팔아넘기면서 요셉을 내다 버리다시피 하였다.

그뿐만 아니라 요셉이 들짐승에게 해를 당했다고 연로한 아버지를 속이기까지 했다. 이 모든 짓은 형들의 악한 마음에서 기원하였다. 그러나 이것이 하나님의 계획과 목적에 영향을 미쳤을 때 그건 다름 아닌 요셉을 비롯하여 야곱 후손의 장래를 향한 하나님의 섭리가 되었다.

요셉이 이집트로 내려온 형들에게 자신의 정체를 밝힌 뒤 하는 이야기를 들어보라. 요셉은 이 모든 고통스러운 사건을 하나님의 마음에까지 거슬러 올라가 야곱과 그 후손에 대한 하나님의 목적을 성취하기 위한 섭리로 해석하고 있다.

"당신들이 나를 이 곳에 팔았다고 해서 근심하지 마소서. 한탄하지 마소서. 하나님이 생명을 구원하시려고 나를 당신들보다 먼저 보내셨나이다. 이 땅에 이 년 동안 흉년이 들었으나 아직 오 년은 밭갈이도 못 하고 추수도 못 할지라. 하나님이 큰 구원으로 당신들의 생명을 보존하고 당신들의 후손을 세상에 두시려고 나를 당신들보다 먼저 보내셨나니 그런즉 나를 이리로 보낸 이는 당신들이 아니요 하나님이시라. 하나님이 나를 바로에게 아버지로 삼으시고 그 온 집의 주로 삼으시며 애굽 온 땅의 통치자로 삼으셨나이다"(창 45:5-8).

이와 관련하여 윌리엄 카퍼의 잘 알려진 찬송을 살펴보고 싶은데, 그 가운데서도 단 한 구절이면 지금 당장으로써는 충분하다(구 찬송가 80장, '주 하나님 크신 능력').

주 하나님 크신 능력 참 신기하도다.
바다와 폭풍 가운데 주 운행하시네.
참 슬기로운 그 솜씨 다 측량 못 하네.
주님 계획한 그 뜻은 다 이뤄지도다.

그와 같은 맥락의 논증이 우리 주님에 대한 유다의 배반에서도 고스란히 나타난다. 물론 그것이 악한 자의 사악한 행위이긴 하지만 하나님 아버지께서 동의하실 때까지 그것은 결코 우리 주님에게 아무런 영향을 미치지 못했다. 그러나 하나님은 유다의 악한 계획을 취하여 온 세상의 구속을 위한 그분의 섭리 속으로 통합시키셨다. 그렇다고 선이 악한 행위에서 나왔다는 식으로 조금이라도 유다를 변호하려는 의도는 아니다. 오히려 그것을 철저히 무력하게 만듦으로써 하나님의 지혜와 위대하심을 확장하여 더욱더 인간의 구속을 확실하게 보장하고자 하는 것이다.

하나님이 인간을 다루시는 데 있어서 그것은 항상 그러하다. 이차적인 이유로 우리에게 일어나는 일이 하나님께는 전혀 놀라운 것도 하나님의 통제를 벗어나는 일도 아니다. 하나님의 손은 기도의 응답을 통해 그것을 단단히 붙잡고 있을 수 있으며, 그것이 어디에서 연유한 것이든 간에 "지금 우리가 겪는 일시적인 가벼운 고난은, 비교할 수 없을 정도로 영원하고 크나큰 영광을 우리에게 이루어 주도록"(고후 4:17, 새번역) 얼마든지 섭리하실 수 있다.

하나님의 섭리는 그분의 성도를 앞서 나가 길을 열어주고 어려움을 없애주며 아무런 피난처가 보이지 않을 때도 문제를 해결하고 거기서 벗어나게 해준다. 하나님은 그 백성을 위해 택하신 지도자 모세의 손을 통해 이스라엘 백성을 이집트에서 이끌어내셨다. 이스라엘 백성은 홍해 앞에까지 나아왔다. 그러나 그 앞에는 깊은 바다가 놓여 있었고 물을 건널 수 있는 아무런 수단이 없었다. 한쪽에는 높은 산이 가로막혀 있었으며 뒤에서는 바로의 군대가 추격해오고 있었다. 모든 피난길이 사방으로 다 막혀 있었다. 그런 까닭에 아무런 소망도 없는 것처럼 보였다. 오직 절망만이 지배하고 있었다.

그러나 그때에도 우리가 그냥 쉽게 지나쳐 버리는 위쪽으로 난 유일한 길은 여전히 열려 있었다. 그래서 하나님을 신뢰하는 믿음의 사람이요, 기도의 사람인 모세는 땅에 꿇어 엎드렸다. 그리고 얼마 후 하늘 군대를 거느리고 섭리 가운데 계신 하나님을 바라보았던 이 기도의 사람은 백성들에게 이렇게 외쳤다.

"모세가 백성에게 이르되 너희는 두려워하지 말고 가만히 서서 여호와께서 오늘 너희를 위하여 행하시는 구원을 보라. 너희가 오늘 본 애굽 사람을 영원히 다시 보지 아니하리라"(출 14:13).

이 말과 함께 모세는 지팡이를 들어 올려 거룩하신 하나님의 명령에 따라 바다를 향해 손을 내뻗었다. 그러자 물이 양편으로 갈라졌으며, 곧바로 "이스라엘 자손은 바다 가운데서 마른 땅으로 행하라"는 명령이 떨어졌다. 그리하여 이스라엘은 마른 땅을 밟으면서 바다를 건너갔다. 하나님이 길을 여셨으며, 불가능해 보였던 비상사태가 놀라운 정도로 경이로운 구원 사건으로 돌변했다. 그런데 이 사건은 모든 길이 꽉 막혔을 때 하나님이 그분의 백성을 위해 개입하셨던 유일한 섭리가 아니었다.

유대 백성의 전체 역사가 바로 하나님의 섭리를 다루는 생생한 이야기이다. 구약성경은 거룩하신 하나님의 지배적인 섭리에 관한 가르침을 받아들이지 않고서는 쉽사리 이해하기 힘들다. 성경은 현저한 신적인 계시이다. 성경은 많은 것을 계시한다. 성경은 하나님, 그분의 성품, 온 세상을 다스리시는 그분의 방식, 그리고 온 세상에 거하는 만물에 관한 모든 것을 밝혀주고 드러내고 빛을 비추어준다. 또한 성경은 기도하는 사람, 세상사에 직접 간섭하시는 분을 신뢰하는 믿음의 사람을 다루시는 하나님의 이야기이다. 자기 백성의 유익을 위해 온 세상을 감독하시며 창조와 구속을 통해 그분의 계획과 목적 가운데 그분의 일을 이루어 가시는 하나님의 방식을 담고 있다.

그런데 이와 같은 것들은 인간의 이성이나 과학, 또는 철학으로 밝힐 수 있는 게 아니다. 성경은 하나님이 사람에게 자신을 계시하신 책이다. 그리고 이것은 특히 우리가 그분의 피조세계에 대한 하나님의 돌보심, 온 세상에 대한 그분의 주재하심, 세상사에 대한 그분의 감독하심을 고려할 때 더욱 사실로 드러난다. 또한 섭리에 대한 가르침을 논박하는 것은 하나님 말씀에 나타나는 전체적인 계시를 불신하는 것이다.

기도하는 사람과 하나님의 섭리는 늘 함께 나란히 간다. 성경에 등장하는 기도의 사람들은 이것을 철저히 이해하고 있었다. 하나님은 모든 것에 섭리하시는 분이기에 그들은 모든 것을 위해 기도했다. 그들은 모든 것과 관련 있는 거룩하신 하나님의 섭리를 믿었기에 기도하는 가운데 모든 것을 하나님께로 가져갔다. 그들은 항상 임재하시는 하나님을 믿었으며 자연과 자연의 법칙이라 불리는 폭군의 자비에 그분의 성도들과 피조세계를 내맡겼다. 그리고 자연을 방해하는 어떤 존재에게도 무관심한 채, 두 눈을 질끈 감고 무뚝뚝한 모습으로 구석진 은밀한 곳으로 저 멀리 물러나 계시지 않은 하나님을 믿고 있었다.

만약 그것이 하나님에 대한 정확한 개념이 아니라면 도대체 왜 우리는 하나님께 기도해야 한단 말인가? 만약 우리 하나님이 그런 하나님이시라면 사람들이 아무리 열심히 큰 소리로 기도하더라도 그분은 너무 멀리 계셔서 기도를 들을 수 없으며, 이 땅에 있는 사람들에게 너무 무관심하여 사람 때문에 그분 자신을 괴롭게 만들지도 않을 것이다.

그러나 이러한 기도의 사람들은 특별한 섭리의 하나님을 신뢰하는 절대적인 믿음을 소유하고 있었으며 필요에 처한 시기와 환난을 겪는 계절에 우리를 도와달라고 외치는 부르짖음에 기쁘게, 곧바로, 서슴없이 반응하시는 하나님이심을 분명하게 믿고 있었다.

소위 아무리 '자연의 법칙'이라 하더라도 그들을 조금도 괴롭히지 못한다. 하나님은 자연 위에 계시며 자연을 다스리고 계시며 한편으로 자연은 단지 전능하신 하나님의 종에 지나지 않는다. 자연의 법칙은 단지 하나님의 법칙에 지나지 않는다. 왜냐하면 자연은 거룩하신 하나님의 손으로 낳은 자손에 지나지 않기 때문이다. 자연의 법칙은 멈출 수도 있으며, 설령 그렇다 하더라도 그로 말미암아 어떤 악도 생겨나지 않는다.

모든 지적인 사람은 날마다 중력의 법칙을 지배하며 이겨내는 인간을 본다고 하더라도 거기에 쉽게 친숙해질 것이며 어떤 사람도 자연의 법칙이 깨졌다는 생각에 두려워하면서 놀라거나 이의를 제기하거나 목소리를 높이지 않을 것이다. 하나님은 법칙과 질서의 하나님이시며 자연과 섭리와 은혜와 관련된 그 모든 하나님의 법칙은 어떤 충돌이나 부조화도 없이 오히려 완벽한 조화 안에서 함께 협력하고 있다.

하나님은 기도 없이, 또는 기도와는 별개로 자주 질병과 강우의 법칙을 멈추거나 이겨내신다. 그러나 매우 자주 하나님은 기도 응답으로 이렇게 하신다. 비를 달라거나 맑은 날씨를 위한 기도는 하나님의 도덕적인 통치 바깥에 있는 것도 아니며, 또한 그게 하나님이 친히 만드신 어떤 법칙을 어기도록 그분께 요구하는 것도 아니다. 오히려 그분의 법칙에 따라 그분의 방법으로 비를 내려달라고 그분께 요구하는 것일 뿐이다.

그러므로 질병을 꾸짖어 달라고 요청하는 기도 역시 자연의 법칙이든 다른 법칙이든 간에 어떤 법칙과 싸워 달라는 요청이 결코 아니다. 오히려 그것은 기후 현상을 다스리거나 질병을 통제하는 소위 자연의 법칙으로써 전능하신 하나님이 운행하시도록 정해놓은 법칙, 심지어 기도의 법칙을 따라 기도하는 것이다.

기도의 법칙을 믿는 성도는 자신의 간청을 뒷받침하는 강하고 든든한 토대가 있다. 그와 마찬가지로 기도의 길벗인 하나님의 섭리를 믿는 성도는 절대 흔들리지 않는 강력하고 단단한 초석 위에 서 있는 것이다. 이 두 가지 쌍둥이 가르침은 영원히 든든하게 서서 끝까지 버틸 것이다.

어떤 상황에서든지, 아플 때나 건강할 때나
가난하게 살 때나 부요하게 살아갈 때나
집에서든 나가서든 땅에서든 바다에서든
이 땅에 살아 있는 날 동안 주께서 영원히 힘 주시리.